大樂文化

大樂文化

大樂文化

身教的力量

ママが必ず知っておきたい！ 子どもの前でやってはいけないこと 55

為何改變55件你不在意的事，竟能讓小孩一輩子受用呢？

曾田照子◎著　侯詠馨◎譯

CONTENTS
身教的力量

第2章

父母這樣做，引導孩子自主學習力 077

CONTENTS
身教的力量

推薦序一

父母必須成為小孩的好榜樣

親子教養作家　小魚媽

才剛拜讀完《正向溫暖的親子對話》，沒想到大樂文化也出版了另一本曾田照子女士所寫的《身教的力量》，讓大家知道除了哪些話不該對孩子說，還知道哪些事不該在孩子面前做。

人家說：「教導小孩除了言教，也要身教。」父母除了必須注意說話內容之外，在孩子面前的所作所為，也都是孩子學習與模仿的對象。

這本書的內容，都是為人父母非常關心的議題，在看書的同時，我常常都覺得這些內容都是為我而寫的。例如：用物品或金錢引誘孩子、睡眠不足太過操勞、只顧著滑手機，以及打小孩等，許多事都是我們不小心就會誤觸地雷，卻不知道這麼做容易對孩子產生不好的影響。

舉例來說，我們常會犯的毛病，就是跟小孩說：「你如果不要吵，我就帶你去買糖果。」用餅乾、糖果或其他物品來引誘孩子行動。看完這本書後，才知道這樣的「教育」方式大錯特錯。不該養成孩子利益交換的習慣，應該避免孩子每次做事都要有代價，才願意行動。我們應該要讓孩子認識做事的動機與魅力，或者可以跟著爸爸、媽媽一起做事，藉此引起孩子的興趣，這樣才是最理想的教育方式。這本書不但指出在生活中，爸爸、媽媽容易犯下的錯誤行為，還分享了遇到同樣情況，怎麼做比較好，真的非常的實用。

尤其像我的孩子小魚，目前已經四歲了，正處於開始學著表達自己，也會用行為來反應自己當下的情緒，正是為人父母需要做好模範的時期。

看完這本書，讓我更知道要如何做孩子的好榜樣，而且更清楚明白如何引導孩子，讓他成為善良、聰明、活潑及有禮貌的小孩。

所以，這本書真的可以當成是有孩子的家庭，必備的「家庭聖經」。

推薦序二

要教出好大人，自己先成為好大人

親子教養作家　鍾安淇

曾田照子女士繼《正向溫暖的親子對話》後，再推出此一力作，這兩本書可謂是家長言教與身教的精華，若能相互為用，如同打通教養的任督二脈。

沒有厚重的理論學說，文字輕鬆易讀，在一個個似曾相識的情境引導下，透過所言、所行，將書中建議體現在與孩子的教養互動裡，除了檢視自己的言行，也觀察孩子的反應，經由一場場教養小試驗，找到自己與孩子的最佳狀態。

「孩子是看著父母的背影長大的」，這句話常提醒我「身教」的重要。

當看到大兒子用和我相似度高達百分之九十的語氣和小兒子說話時，我突然驚覺孩子就像鏡子，複製且反應他所看到的，他和弟弟說道理的神情，簡直就是縮小版的我。自此我開始心有警覺，原來小小的人兒，像海綿般吸收他所見所聞，並且記憶在腦海裡，在日後某個時點就會迸現。

孩子模仿、吸收的特質，在教養上運用得宜與否，如水能載舟覆舟，端看父母提供什麼樣的素材，這些素材即為身教。

於是，看到鄰居好友，我會愉快地打招呼；對待長輩，我會體貼敬重；聆聽演講，我會往前坐並樂於提問；閒暇時，我會播放音樂，拿書閱讀；參與活動時，我會準時到場；對待朋友重視誠信，遇到困難樂觀以對……。透過身教的示範，希望培養孩子有禮貌、有自信、好閱讀、重誠信、積極、樂觀等特質，想要如何教育孩子，就得先好好教育自己。

這本書提醒我們不該做的事：**夫妻不要在孩子面前爭吵、不要在別人面前貶低自己的孩子、不要只顧著滑手機、不要過於偏執沒自信，老是說「像我這樣的人……」**等，父母的想法及態度會影響孩子，更重要的是，在教養孩子的過程中，大人也應該成為更棒的自己。

本書末章給予母親許多鼓勵與支持。母親在家庭中往往包辦了家務與孩子，讓自己陷入永無止境的迴圈裡，漸漸失去光采與自信；如果為家庭奉獻犧牲，卻換來終日愁眉深鎖，孩子也不會感到幸福。

有快樂的媽媽，才能教出快樂、健康的孩子；要教出好大人，自己得先成為好大人，與你共勉。

前言
父母的身教，對孩子的影響最大！

如果你不假思索的日常行為，可能封閉了孩子未來的發展道路，那麼你會怎麼做呢？本書要獻給新手爸媽，以淺顯易懂的方式，表達教養孩子「必須注意的五十五種行為」。**舉凡表情、姿勢儀態、行為舉止，以及用字遣詞，爸媽表現出來的行為，其實是自己人生觀的投影。**

俗話說：「孩子從生長環境中學習。」不管好事或壞事，孩子都會模仿自己的父母。如果爸媽理所當然地，在孩子面前做著「不該在孩子面前做的事」，孩子就會依樣畫葫蘆。最後的結果，**孩子可能學到錯誤的處世態度、出手傷人，或者無法坦率表達自己的心情。**

相反地，在教養孩子時，若是能夠刻意地加以引導，就能夠讓孩子和爸媽的生活從容自在、如魚得水。每天教養孩子的生活，瞬間變得好輕鬆。

孩子不是聽爸媽的話長大，而是看著爸媽成長的。本書具體指出，哪些行為是爸媽不該在孩子面前做的事，站在爸媽立場與孩子感受之間的角度落差，說明這些行為造成什麼影響，以及如何採取適當作為。

衷心期盼讀者在閱讀本書之後，能夠讓你的孩子在成長的過程中綻放光芒，並且減輕你教育孩子時的心理負擔。

第1章

父母這樣做，培養出孩子善良的天性

請用你的溫柔教導孩子，
讓他學會關懷別人與互相幫助。

1

你不該隨時滿足孩子的需求，而該——
決定生活作息，為孩子設定底限

● 我無法配合孩子的節奏

煮飯時，孩子會說：「媽媽陪我玩。」
陪他玩時又說：「我想要吃點心。」
送上點心時，他又說：「不要。」
雖然孩子很可愛，
可是看到他這麼任性，
我卻覺得很煩躁。
我是一個不及格的媽媽嗎？

✿不可以讓孩子予取予求

「只要是孩子說的話，我不怕辛苦，什麼都願意做。」有人認為這是父母對孩子的愛，可是這麼做真的對嗎？

法國思想家盧梭曾經說過：「要讓孩子不幸最好的方法，就是隨時滿足他們的需求。」實現孩子的願望，並不表示你就是好的爸爸媽媽，反而可能是寵溺小孩及限縮孩子可能性的父母。

在這個世界上，我們的願望不可能全部都實現。每個人都在忍耐著「想做、想要」的欲望，我們的人生，就是一直在想辦法或是努力跟世界妥協。

趁孩子還小的時候，讓他們學會「忍耐、想辦法及努力」等與世界妥協的方法，就不會教出一個任性妄為的人。

✿爸媽是僕人？

有些人常說：「爸爸、媽媽簡直就像是小孩的僕人。」對孩子有「我想幫小孩做任何事」的心意，的確很讓人感動，但是如果太超過，倒是會讓人覺得這樣的父母很糟糕。

尤其是男孩子的爸媽更要注意，「他以後是否能當個好丈夫？」請爸媽用嚴格的標準，檢視孩子的一言一行。

✿幫孩子達成願望是為了自己？

沒有人希望自己的小孩長大以後一無是處，那為什麼還要溺愛小孩呢？

這是因為大人不想忍耐。在小孩忍耐時，大人也要跟著忍耐。然而，大人會覺得，與其在孩子哭著說「好想要」時叫他忍耐，倒不如放棄堅持，實現他的心願，這樣還比較輕鬆。

你應該也有過同樣的經驗吧？

✿由大人安排孩子的生活

在孩子年幼時，為他們安排生活是大人的工作。睡覺和用餐都不該放任孩子隨心所欲，請讓他們遵守家裡規定的時間。

生活規律，對孩子的發育也會帶來正面影響。跟著孩子拖拖拉拉，過著散漫的生活，時間會越拖越晚，對孩子和大人都不好。

✿父母不要被孩子牽著走

如果不想被孩子牽著走，當孩子提出要求時，必須立刻決定是要馬上做，或是稍待片刻。這件事做起來並不容易，我們很常會不假思索地拒絕，可是「拒絕」對孩子來說，並不是好事。

舉例來說，煮飯時，如果孩子說：「陪我玩。」你可以回答：「等吃完飯再玩。」遊戲時，孩子如果哭著想吃點心，只要說：「等到三點才能吃。」這樣做就可以了。

當你說「等一下」時，事後一定要記得做到。如果你忘記了，孩子會覺得你不遵守約定，再也不相信爸媽說的「等一下」了。

✿製作時間表

當白天的時間容易延誤時，爸媽最好製作一張時間表。

只要決定起床時間、吃飯時間、點心時間及就寢時間等主軸，生活就能夠改善。盡可能像學校的課表一樣，畫一張安排白天行程的一覽表，這樣更容易與孩子分享；也可以加上時鐘指針的照片或插圖，這樣一來，就算是孩子年紀小，也看得懂。

換個方法做做看

不能每次都配合孩子的要求，應該由大人決定基本的生活作息。生活規律才是健康的基礎。

2

你不該直接指正孩子的缺點，而該——
用讚美激發孩子的熱情

● 一直注意孩子的缺點

沒辦法跟朋友和睦相處，
也不會自己穿衣服。
我的眼中一直看到孩子的缺點。
我總是會不斷碎碎念，
希望他好好改進，
可是好像完全沒有效果。
連媽媽都對我說：「妳太會碎碎念了。」

✿無論多想講都要忍耐

有時候，我們為了孩子好所講的話，反而會對孩子造成負面影響。尤其是「不對」、「好爛」、「壞小孩」、「你好笨」等貶低孩子的話。如果爸媽本身做事失敗時，有人對你說：「你真是沒用。」你聽了應該也會很難過吧？

孩子也是一樣。每次失敗就要被念「這樣不對」、「那裡不行」，聽久了也會覺得灰心喪氣，開始覺得「我是個沒用的人」，因而失去做事的熱情。

如果你有指正孩子缺點的習慣，最好盡早改掉，做一個懂得肯定孩子的父母。

✿爸媽是判斷基準？

「不對、不對！」當爸媽一直指正孩子時，孩子就會採取不會被罵的行動。然而，這並不是好事。因為孩子心裡想的並不是：「我要聽爸媽的話」，而是他已經把「不要被爸媽念」當成行動準則了。

「判斷基準是爸媽」，就算孩子很會看臉色，他也不懂如何自己思考與判斷。

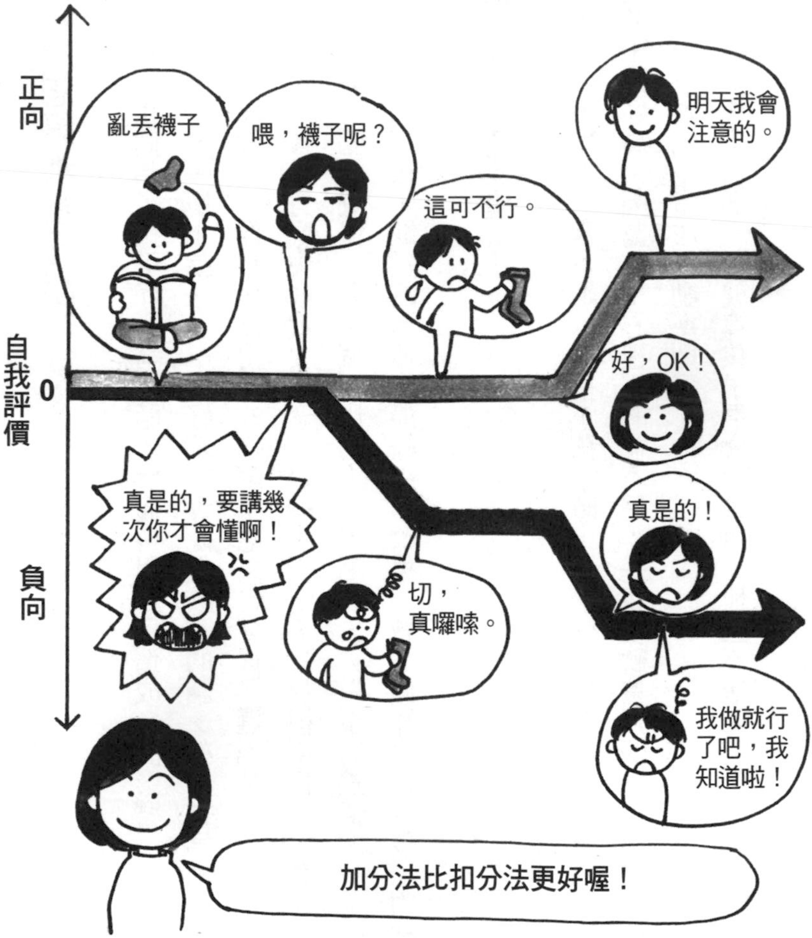
正向
自我評價
0
負向
亂丟襪子
喂，襪子呢？
這可不行。
明天我會注意的。
好，OK！
真是的，要講幾次你才會懂啊！
切，真囉嗦。
真是的！
我做就行了吧，我知道啦！
加分法比扣分法更好喔！

換個方法做做看

請不要再對孩子做出「你這樣不對」的負面評價。請把「沒有把衣服放進洗衣籃裡，就是不對」的說法，改為「把衣服放進洗衣籃裡吧。」用這種說法孩子也聽得懂。

3 你不該忽視黏人的孩子，而該——給自己一段處理情緒的時間

● 我不想理孩子

不管什麼時間、地點，
我的小孩都會一直纏著我，
「喂，媽媽、媽媽、媽媽……」
簡直就像一個跟蹤狂。
因為覺得小孩實在太煩了，
我三次大概就有一次不會理他。
真的好討厭這樣的自己。

✿孩子為什麼黏著你？

孩子在大約八個月後，進入發育階段，就會一直跟在爸媽後面當個「跟屁蟲」，而通常到了一歲半後，就會變得比較不黏人。

如果過了兩歲，孩子還是一樣很黏人，可能是因為孩子正在成長。雖然他們覺得：「我可以自己來！」可是難免還是會感到不安，而跟爸媽撒嬌可以消除這種不安，找回勇氣。

話雖然這麼說，當爸媽的身體狀況或心情不太穩定時，難免還是會覺得很吵、很悶、很煩。雖然孩子愛黏人的時期頂多只有幾年，可是爸媽卻可能覺得這幾年，每一天都度日如年，這就是養育小孩辛苦的地方。

✿運用計時器

當孩子黏著你不放的時候，最理想的做法是告訴他：「我正在煮飯，等一下喔。」忙完之後再對他說：「謝謝你等我。」

如果孩子還是不肯聽話，可以試著使用計時器。

「只有十五分鐘喔。」設定好計時器，在這段時間集中精神陪孩子，等時間一到就結束。如果孩子還是撒嬌地吵著「還不夠」時，你可以再設定一次計時器，跟孩子約好：「等它響了我再陪你玩。」這樣就能暫時離開，去做其他的事情了。

換個方法做做看

把陪孩子的時間跟自己的時間分開。如果覺得孩子太黏，也可以把孩子交給可以信任的對象。與孩子保持距離，有時也不是壞事。

4 你不該要孩子感謝你，而該——在瓶頸時重新檢視以小孩為重心的生活

● 我什麼都幫他做，卻沒有人感謝我

帶小孩真的好辛苦。
早上起來就要幫他穿衣服、吃飯、送他去學校……
我幫小孩做了很多事，
可是卻完全得不到回報。
小孩不會感謝我，
老公也是一副理所當然的樣子。
我覺得日子過得好空虛。

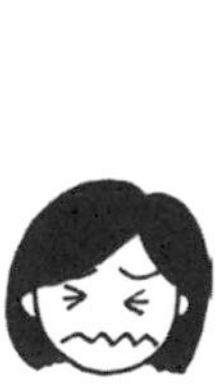

重視自己的時間

誰都可能會有帶小孩卻得不到回報的感覺。很多爸媽必須負起教養小孩的責任，經常在忙碌、睡眠不足、沒有人能聽自己說話等被逼到極限的狀態下帶小孩。長期處於極限狀態的人，會缺乏想像力，視野也會變得比較狹窄。在這種時候，難免會覺得沒有人感謝自己，每天只能帶小孩，日子過得很空虛。

如果覺得帶孩子的生活很空虛，建議你抽出一段時間，試著做自己喜歡的事。不管是嗜好、家事或工作都好。偶爾離開小孩，沉迷於自己喜歡的事情，其實不是壞事。

小陽好可愛喔～
哇～好癢喔，不要啦～
舔
動物在帶小孩時，都是用舔的喔。

✿盡到責任後，為自己而活

也許只有人類，才會追求養育孩子的意義與成就感。身為父母，理所當然必須要好好地生養小孩，連狗和貓都會照顧自己的孩子，可是牠們並不會希望小孩報恩，也不會要求感謝。也許可能是動物沒有要求感恩的觀念，所以在牠們盡到自己應盡的責任之後，就會為自己而活。而我認為用這種自然的方式，來養育孩子才是最好的。

換個方法做做看

如果覺得養育孩子得不到回報，也許是你對孩子太執著了。父母也要學著享受，做一些自己喜歡的事。

5 你不該忘記尊重爸爸，而該——讓孩子了解父親工作的重要性

● **爸爸是否有家可歸？**

爸爸總是從一大早工作到深夜，
雖然沒時間陪孩子，
卻為了家人拚命在工作。
最近，我已經很習慣爸爸不在家的生活了，
偶爾爸爸在家裡，
還會讓人覺得不自在。
再這樣下去，爸爸就要有家歸不得了。

✿爸爸像影子？

曾經有個小學生說過：「就算爸爸不在也沒有關係。」據說是因為「要錢就找銀行的提款機，餓了媽媽會煮飯。爸爸一大早就出門，晚上很晚才回家，放假都在睡覺，所以不在也沒有關係。」

可是，實際上支撐著家裡經濟的是爸爸，要是他不在了，根本不可能沒有關係。少了爸爸，整個家甚至就不完整了。

✿對爸爸說些感謝的話

爸爸為了家人，從一大早工作到深夜，在想讓孩子體諒爸爸的辛勞時，就算爸爸說他拚命在工作，但是孩子又看不到爸爸工作的模樣，根本就沒辦法體會。

為了讓孩子對爸爸表達感謝，媽媽平常就要做一些演出。媽媽要在孩子面前，把感謝之意傳達給爸爸。

✿爸爸做不好，更要這樣做

「我們是雙薪家庭，我比爸爸賺得還要多」、「爸爸也不會感謝我」，可能有不少媽媽因為種種因素，很難開口感謝爸爸。

可是如果這樣，更應該讓孩子看到「我一直很感謝你」的態度。不然，當媽媽說：「沒有爸爸也沒差」的時候，就會陷入「爸爸更沒有生活空間」的惡性循環。

謝謝爸爸的招待。
當個好女人的祕訣，就是要維持男人的自尊。
原來如此。
吃好飽。
我學起來了！

換個方法做做看

請媽媽用言語，讓孩子了解爸爸的辛苦，以及爸爸工作的重要性。

6 你不該嚴厲責備說謊的孩子，而該——想想他們為什麼會這麼做

● 愛說謊的孩子

帶狗去散步了嗎？「剛才去過了喔。」

補習班呢？「今天老師請假。」

作業呢？「在學校已經寫好了。」

老二滿口謊言。

明明知道謊言拆穿會被罵，

還是很愛用謊話來應付我。

要怎麼做，才能讓小孩不再說謊呢？

✿先了解說謊的原因

孩子說謊，真的會對父母造成打擊。可是說謊並不代表小孩就是壞孩子。人家說：「說謊有時是權宜之計。」成年人在社會上，也常常為了便宜行事，而說一些謊話，像是：「你是不是變瘦了」或「好棒喔」等，其實這些話我也很常說。

在某些時間或場合，大人說謊可以被原諒，小孩卻一律不可以說謊，這樣不就太不公平了。

當孩子說謊時，我們必須先了解孩子為什麼要說謊。如果連原因都不問，劈頭就罵，根本不能解決問題。

✿孩子說謊應付時

通常孩子說謊，是為了「應付」。覺得帶小狗散步很麻煩、討厭寫作業、不想去補習班，因為說真話會惹爸媽生氣，所以就說一些謊話來應付，像是「我去過了」、「寫完了」、「今天放假」等。

這種時候，如果爸媽用命令的方式，根本就無法解決問題。當孩子說謊應付時，表示他想要逃避某些事，甚至到不惜說謊的地步。也就是說，他可能受到某種挫折，因此陷入了低潮。

此外，也有可能當孩子說實話時，曾有過被大人當成「偷懶」、「不認真的壞小孩」等經驗，於是孩子才會選擇用說謊來逃避。

當爸媽問作業做好了沒時，如果孩子可以老實回答：「我不會寫，所以不想做。」這就是親子關係非常融洽的證明。爸媽不要認定孩子在偷懶，請用「這樣啊，那我陪你一起寫吧」等積極的心態，來面對孩子。

不想寫作業
沒練習彈鋼琴
踢足球時遇到討厭的人
想繼續打電動
國字背不起來
跟朋友吵架了
課本忘記帶回來了
帶小狗散步好麻煩
被催要趕快還漫畫
欠雜貨店錢
說謊

✿追究孩子受挫的原因

當孩子說謊時，我們必須找出孩子哪裡受到挫折。例如：不想帶小狗散步，說不定是因為熬夜，早上爬不起來；不想寫作業是因為上課沒聽懂；不想去補習班，說不定是因為跟老師處不好，或是路上有一隻恐怖的大狗，可能有各種不同的原因。

如果原因是熬夜，請讓孩子早點睡。上課聽不懂，爸爸和媽媽就陪他一起寫作業。只要了解說謊的原因，以及孩子受到的挫折，親子合力解決這些問題就可以了。

不過，也不要光想著解決問題，有時除了忍耐也沒有其他解決的辦法。但是，當孩子知道爸媽會陪著他一起想辦法時，他的重擔就會減輕，不需要再對爸媽說謊了。

✿和孩子獨處時再問

應該如何問出說謊的原因呢？如果用「說謊就是不對」的心態詢問孩子，孩子可能會說不出口。我們可以等到跟孩子獨處時，再心平氣和地問：「你剛才為什麼不說實話呢？」

希望大家注意，當你跟孩子說：「我不會生氣，你可以說實話」時，在聽了「真話」後，絕對不可以罵小孩。

一旦你罵出口，就表示爸媽沒有遵守約定，以後孩子會認為「說真話也會被罵」，從此就不跟你說實話了。

✿不需要擔心的謊言

另外，也有一些不需要擔心的謊言。在孩子年紀還小時，可能會因為沒辦法分辨現實與夢境，而產生誤解。雖然孩子本身並不想說謊，但是說出的話卻成了謊言。

有些小孩到了懂得分辨現實

與謊言的年紀，還是會說一些夢話。一般狀況下，孩子應該不是在說謊，只是想像力比較豐富。在這個時候，父母就適時地說聲「喔」應合他吧，偶爾說句：「然後呢？」可以刺激孩子的想像力，一起在幻想的世界中遨遊。

換個方法做做看

一旦發現孩子說謊，千萬不要責備他，先若無其事地問他：「發生什麼事了？」

7 你不該用金錢解決問題，而該——當一個能說「對不起」的大人

● **我買新的賠你就好了吧？**

我家小孩跟朋友一起玩，
把朋友的玩具弄壞了。
他的朋友哭個不停，
於是我說要買一個新的賠給他，
結果他朋友的媽媽聽到很生氣，
跟我說：「你這樣不對吧？」

錢買不到的東西？

當小孩把朋友的玩具弄壞了，或是把朋友的衣服弄髒了，父母第一個念頭可能是賠償。可是賠償並不是萬能的解決方案。

首先，請先冷靜下來，站在玩具被弄壞、衣服被弄髒的被害者立場想一想。如果連一聲「對不起」都沒有，就說「我賠你」，實在是很難原諒。

請先誠心誠意道歉

在這個時候，請先誠心誠意地道歉，說聲「對不起」，表示你跟受害者一樣，感受到相同的痛苦。

不要那麼生氣，我買一個新的賠你就是了嘛。
為什麼你連一句「對不起」都不會說？
排了兩個小時才買到，知名老店的季節限定布丁
爸媽那天的模樣，讓我了解到道歉的重要性——

知道我們有感受到相同的痛苦時，對方才有辦法原諒我們。所以，當你成為加害者時，當務之急就是先道歉，必須先跟對方有相同的感受，至於要怎麼收拾，那就是下個步驟的事了。如果搞錯順序，只會破壞人際關係。

✿為了教出能道歉的小孩

我們可以好好思考一下，爸媽道歉與不道歉，對孩子產生的影響。當看到爸媽不道歉，只想用錢解決問題時，會帶給孩子錯誤的觀念：「只要付錢就能獲得諒解」、「只要賠償，弄壞別人的東西也無所謂」。

然而，若是爸媽好好地道歉，在看了爸媽陪不是的樣子，孩子就會了解：「破壞別人的東西不對」，以及「當自己的物品受損時，每個人都會覺得難過」。

換個方法做做看

為了教出能說「對不起」的孩子，爸媽要以身作則，當一個能說「對不起」的大人。

8 你不該把體罰當成唯一手段，而該——試著想像小孩負面的感受

● 忍不住我就出手了

說了好幾次，
小孩還是一直鬧脾氣，
實在是太不聽話了。
終於忍不住，我就出手了。
被打之後，小孩嚎啕大哭。
會打小孩的媽媽真的很糟糕吧？
要怎麼做才能不打小孩呢？

✿任誰都有情緒

在孩子還小時，爸媽也才剛當上爸媽沒多久，是帶孩子的新手。當用盡一切努力，學習還不熟悉的教養小孩工作，已經沒有其他餘力了，孩子卻老是鬧脾氣，或是完全不聽話。處在「不聽話的孩子」及「必須好好教他」的壓力之中，爸媽偶爾也會出現情緒爆炸的瞬間，這沒有什麼好奇怪的。

可是不能因此就覺得「打小孩沒關係」，不要體罰還是比較好。

✿負面教養的效果

雖然有人會靠拳頭教小孩，不過我對於效果相當懷疑。用拳頭教育小孩，比起「做這件事不對，我不可以再犯」，孩子可能會解釋成「做了這件事會被打，所以不可以做了」。

在這種狀態下，孩子就會認為「只要不犯法，做什麼都可以」、「只要不被發現，做壞事也沒關係」。

教養的目的，是讓孩子成為可以在社會上立足的人，「立足」並不是「蒙騙」，所以要教他們學會社會的規範和禮儀。

✿試著想像小孩的感受

雖然有人主張只要有愛，打小孩沒關係，可是我認為當體型呈現壓倒性差距時，如果在這個時候動手打人，只會給小孩留下好痛、好恐怖的負面情感。

就算爸媽認為自己沒有很用力，在孩子眼裡，卻像是被大刀砍一樣恐怖。

✿打得過火會變成虐待

大家會認為體罰不好，是因為當體罰已經變成虐待時，父母往往還是覺得：

不可以！
沒辦法，這是在教他。
被揍了。
好痛。
好痛。
好討厭。
被揍了。
好痛。
討厭。
討厭。

被揍時，只記得討厭的情緒。

「我這是在教小孩，不是在虐待。」用腳踹、拿東西打，一直打到受傷或淤青，毫無理由地懲罰等行為，都會形成虐待。

當爸媽曾經有過這樣的行為時，請回想一下，如果覺得自己「很糟糕」，就表示你已經朝「解決」的方向邁近一步了。請不要獨自面對問題，拿出勇氣，找身邊的人協助吧。

※遇到兒童受虐問題時，建議大家撥打全國婦幼保護專線113，尋求專家協助。

✿下定決心不要打小孩

我們可以停止體罰。想要停止體罰，必須抱持強烈的決心，「不體罰」、「不動手」。以前人們就常說：「生氣的時候，先慢慢默數十秒。」花一點時間，讓自己冷靜。通常會氣到忍不住出手，只是因為瞬間的念頭。請慢慢放下準備打小孩的手，閉上眼睛深呼吸吧。

✿不打小孩的方法

最近的親子教養書籍，有介紹一種「抽離」的好方法。當你生氣到想動手打小孩時，請離開孩子，走到別的房間（廁所或陽台也可以，反正走到看不見小孩的地方），在那裡待到平靜為止。

此外，也可以在家裡多放幾面鏡子，讓你可以從外在意識到自己的情緒。或是在家裡裝飾一些孩子剛出生時的照片，再次回想當初「能平安生下孩子」的心情，有些父母認為這一招很有效。

一直跟孩子黏在一起，常常容易因為一些芝麻小事而生氣。像這種時候，也可以找一個暫時幫忙照顧小孩的地方，讓爸媽稍微喘口氣。

理解對方的
心情非常
重要，
孩子跟
爸媽都一樣喔。

✿萬一出手打了小孩

如果還是打了小孩，請向孩子道歉：「對不起，我太生氣了」、「對不起，我打你了」。就算孩子還聽不懂爸媽說的話，他們也能感受到爸媽的歉意。

換個方法做做看

畫量不要體罰，如果無法壓抑，還是出手打了小孩，請向孩子道歉。

9

你不該認同孩子說別人壞話，而該——

引導孩子自我察覺

● 孩子跟朋友處不好

最近我家的小孩很喜歡說朋友的壞話。

「既然你那麼討厭他，就跟別的小孩一起玩啊。」

雖然我這樣說，

他還是不聽。

該怎麼做，才能讓他跟大家和睦相處呢？

✿孩子也有各種煩惱

孩子在背地裡說朋友壞話，的確不是很好，然而，他也許只是想跟他信任的爸媽抱怨，抒發一下情緒。

對孩子來說，教室就像社會一樣，也有各式各樣的人際關係。正因為他很努力地在維持這些關係，所以才會發牢騷。在跟爸媽說完之後，他也許會覺得心裡比較舒服。

所以爸媽也不必說一些像是「別說這些話，跟大家好好相處」，或「不可以說朋友的壞話」的大道理，就好好地聽孩子說吧。

✿重要的是孩子的自我察覺

爸媽聽孩子發牢騷的訣竅，在於「不要認同」。一旦爸媽附和孩子，說「真是個壞孩子」或「不要跟那種孩子往來」等壞話時，將會加深孩子的不滿，擴大他在現實生活中的負面情緒。

也許爸媽有很多想說的話，不過最好還是應該盡量忍耐，說一些像「喔～」、

「難免啦」等冷靜的回答。

將憋在心裡的情緒全部發洩以後，孩子或許就會這麼想：「其實那個人也還不錯」、「我也有不對的地方」等，從客觀的方向重新思考他的交友關係。

說壞話
說壞話
贊同
贊同
補給說壞話的能量
不要積極回應孩子說的壞話
是這樣啊？
嗯
說壞話
說壞話
說壞話
消化
說壞話的能量消失

換個方法做做看

不要否定也不要認同孩子說的壞話，只要回答：「這樣啊」，聽他說就可以了。不管大人或小孩，解決人際煩惱最好的方法，是靠自己去察覺。

10

你不該在孩子面前和另一半爭吵，而該——

讓孩子知道人際關係的和好範本

● 夫妻吵架會對孩子造成不好的影響嗎？

我跟老公吵架了……

我們兩個人把心底想說的話都說出來，

最後又和好如初。

可是看到孩子時，卻發現他露出驚恐的神情。

聽說夫妻吵架會影響孩子，

這是真的嗎？

我該怎麼補救呢？

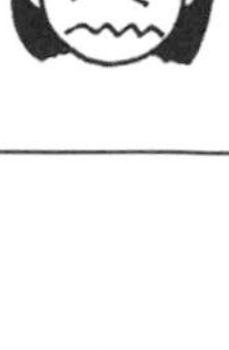

✿「對不起，嚇到你了」

雖然有些夫妻可能感情非常好，可是難免還是偶爾會吵架。對當事人來說，吵架很討厭，對孩子來說，打擊更大，因為最喜歡的爸爸和媽媽吵起來了。

如果不小心，讓孩子看到夫妻吵架，這時請對他說：「很害怕吧？對不起喔」，讓孩子放心。除了安撫孩子，也要讓他看到爸媽相處融洽的模樣，這一點很重要。

另外，要讓孩子知道，爸媽吵架的原因，不是出在他身上。有些孩子會覺得：「都是我的錯」、「沒有我，他們就不會吵架了」，因而責怪自己。

✿吵架之後，還是要重修舊好

夫妻吵架，不見得是壞事。有些夫妻比較活潑，吵完架後感情還是一樣好。有的人會認為爸爸跟媽媽應該以身作則，讓孩子知道有那種就算吵架，也不會破壞的人際關係。

只要吵架的頻率不高，互相說出真心話，之後好好地道歉，這種和好的方法及互相原諒的模樣，都可以算是人際關係的好範本。

換個方法做做看

最好是不要吵架，如果吵架了，請互相說「對不起」，和好如初吧。

11 你不該拒絕幫忙照顧寵物，而該——拿出一起參與「珍惜生命」的態度

● **明明就跟我約好要「自己照顧」**

孩子一直纏著我，
吵著說不管怎樣都要養，
所以我們就開始養倉鼠了。
明明跟我約法三章說會自己照顧，
不知不覺中，餵飼料和打掃，卻都變成了我的工作。
雖然倉鼠很可愛，
可是這樣真的好嗎？

✿為什麼要讓孩子養寵物？

通常有小孩的家庭會養寵物，都是為了孩子的「情感教育」，也就是期待養寵物能夠「讓孩子的心靈成長」。對孩子來說，寵物是陪同玩耍的對象，偶爾也是孤獨時，可以支持心靈的夥伴。此外，透過寵物，孩子可以學會責任感、體貼，以及珍惜生命的重要。

✿還有比責任更重要的事

「為了讓孩子有責任感，所以讓他們照顧寵物。」雖然出發點是好的，可是把一切工作全都交給孩子，又會是什麼情況呢？

打擊
豆太被媽媽搶走了。
豆太被媽媽搶走了。
啊~~好可愛~~
這麼可愛的寶貝，才不讓別人照顧你呢。

小孩很容易膩。剛開始可能興高采烈地說：「我要做！我要做！」然而，很快地就失去了興趣，假裝沒有這些事。這也是很常見的情況。

✿珍惜生命的重要

把照顧寵物的工作，交給還不夠成熟的孩子，我認為這是一種缺乏「寵物也是生命」的態度。讓孩子覺得爸媽努力照顧自己，卻任意地對待其他生命。我想孩子的心靈會受到重大打擊。

「真拿你沒辦法，牠果然還是需要我。」爸媽可以一邊說著這些話，一邊幫忙照顧寵物。

換個方法做做看

照顧寵物時，不妨跟孩子說：「一起打掃吧」，或是「現在要來餵飼料了」，出聲邀孩子共同參與吧。不能只用嘴巴說要「珍惜生命」，爸媽也要用態度表示，這才是最好的情感教育。

12

你不該教孩子學會反擊，而該——
用擁抱讓孩子知道他有依靠

● **孩子每次都挨打，真是不服氣**

兒子跟朋友打架之後哭著回家。
我希望他能夠更堅強一點，
於是把他趕到門口，
跟他說：「不准哭！去打回來！」
雖然我很難過，
兒子也很沮喪。
但是，我這樣做，是不是太嚴厲了？

✿孩子哭著回家的原因

要哭著回家的孩子以牙還牙，應該是希望「孩子更堅強，再也不要哭著回家」。不過，與其用這種嚴厲的方式，其實還有更好的方法。

在這個時候，請把孩子抱緊，陪在他身邊，直到孩子不再哭泣。有些人認為：「這樣太寵小孩了！」可是真的是這樣嗎？請想一下孩子哭著回家的原因。

他是為了窩在家裡，不再出門嗎？我想應該不是。孩子回家，是為了暫時離開朋友，回到爸媽身邊，重新振作精神。

✿ 爸媽的溫柔補給

想要修補受傷的心，不是用嚴厲，而是應該要用溫柔。當你覺得沮喪時，要是有人跟你說：「因為你太弱了，要堅強！」聽了應該會覺得很難受吧？相反地，若是有人能理解你的心情，跟你說：「原來是這樣，很難過吧？」聽了是不是就能振作精神了呢？

孩子也是這樣。只要最喜歡的爸媽能理解自己的痛苦與悲傷，就能從受傷的情緒中，找到重新站起來的力量。

換個方法做做看

緊緊抱住孩子，跟他說：「我站在你這邊喔」、「隨時都可以回來喔」。或者就算什麼都不說，只要孩子能夠感受爸媽的體溫，就會覺得很安心。

等到心裡的能量補充完畢，孩子又充滿活力之後，他就可以離開爸媽，再次回到朋友的小圈圈中。

13 你不該所有家事都自己做，而該——指派分工任務，讓他成為家裡的一份子

● **我自己做比較快**

最近兒子很喜歡幫忙。
就算我拒絕他：「媽媽做就行了，你不用幫我喔。」
他還是會一直吵著：「讓我做。」「我想做。」
光是看他拿著餐具，就讓我心驚膽顫，
萬一摔破了，我還得收拾。
想到就覺得好麻煩，真不想讓他幫忙。
難道非得要讓小孩幫忙嗎？

✿孩子的自我能力測試

父母都明白讓孩子幫忙做家事很重要，卻因為「還要花時間再做一次」，或是「自己做比較快」等原因，拒絕孩子幫忙。

其實，讓孩子幫忙做家事真的比較好。孩子會想要幫忙，是為了測試自己的能力，挑戰新事物，希望自己能做更多的事情。透過這種方式，他可以證明自己擁有生存的能力。儘管我們很清楚孩子可能會花不少時間，也有可能會做不好，但是還是應該盡量尊重他們，讓他們做做看。

有些孩子並不會主動說要幫忙。然而，這不代表他們不想幫忙做家事。請跟孩子說：「可以麻煩你嗎？」「要不要一起做呢？」邀請孩子一起參與。

✿教孩子學會生活技能

從另一個角度想，讓孩子幫忙做家事，也是在培養生活所需的技能。

我聽說有的小孩到了小學高年級，還不會自己盛飯。也許大家會認為：「這種事不用練習，自然就會吧？」然而對於第一次動手做的孩子，盛飯也是很困難的任務。

其他還有擰抹布、用掃帚把灰塵掃到一處等，請爸媽透過幫忙的方式，讓孩子學會在日常生活中如何做家事。雖然學校以後可能也會教，但是生活能力當然是越早學會越好。

✿讓孩子早點開始幫忙

一旦孩子對家事開始感興趣，最好讓他們馬上能夠幫忙。如果等到孩子長大，父母才想著：「差不多該讓他們幫忙了。」這時孩子已經轉移興趣，要他們幫忙會變得相當困難。

在孩子還小的時候，就要讓他們覺得自己是家裡的一分子，為家人工作是理所當然的事，這樣等到他們長大以後，自然也會幫忙做家事。

✿從簡單的事情開始嘗試

至於該從哪裡開始著手呢？一開始應該先從馬上就學得會的事情開始，例如收拾自己的餐具、幫院子裡的花澆水、折自己的衣服，或是擦桌子等，重點在於讓他們做會做的事情。

以吃飯來說，一定要讓他們養成自己收拾餐具的習慣。到別人家裡做客時，孩子如果自己可以收拾餐具，父母可能還會覺得很得意。如果是小學生，也可以教他們在吃完飯之後，用清水稍微沖洗餐具，這樣待會洗碗時就會更輕鬆了。

除了讓孩子獨自做一些簡單的家事外，也可以讓他幫忙爸爸或媽媽做家裡的事情。

✿稍微誇張地感謝孩子

孩子幫忙之後，說謝謝時要稍微誇張一點：「謝謝你的幫忙」、「你真可靠」、「真了不起。」聽到爸媽這樣誇獎自己，孩子也會覺得受到肯定，之後會更想幫忙。

另外，要請大家注意一點，當孩子幫忙時，請不要擺出一副「做家事是理所當然」的態度。這麼做無法激發孩子想要幫忙的心理。

✿孩子做不好時

孩子畢竟還小，總會有做不好的時候。當他們幫忙做家事時，萬一搞砸了，請不要責罵他們。沒有人一開始就可以做得很好，只要孩子學到教訓：「我這麼做，結果失敗了」，以後就會思考「怎麼做才不會失敗」，產生想要改進的心理。

孩子失敗時，絕對不可以說：「所以我才不想讓你做！」這樣會再次打擊他，讓他們失去信心，再也不想幫忙了。

有些孩子個性比較敏感，失敗本身就容易對他們造成打擊。爸媽必須在情感上支持他們，告訴他們：「你想幫我做家事，這份心意讓爸媽覺得好感動喔。」

換個方法做做看

請不要拒絕孩子想要幫忙的心意，盡量讓他們做。失敗也是讓下次可以做得更好的寶貴經驗。

14 你不該逼孩子吃討厭的食物，而該——找到讓他對食材感興趣的方法

● **孩子不肯吃青菜**

我們家的孩子很討厭吃青菜，
尤其是紅蘿蔔，
連一口都不想吃。
如果以後在學校吃營養午餐，
該怎麼辦？
怎麼做才能讓小孩不挑食呢？

孩子挑食的原因

食物有四種基本的味道，包括甜味、鹹味、酸味及苦味。其中，酸味會讓人聯想到食物腐敗，苦味會讓人聯想到中毒。所以對酸味與苦味有所防備，本來就是人類的本能。

其他像是吃東西曾留下不好的回憶，或是被強迫吃東西等負面印象，也會讓人討厭某些食物。

挑食的對策

為了要讓孩子不挑食，許多父母都花了不少心思。一般來說，最基本的方法就是把食物切碎，混進漢堡排、咖哩、水餃或鬆餅裡；也可以切成小花的形狀，或是刻成孩子喜歡的卡通人物，讓孩子高高興興地吃下肚。

一起做料理，或是透過家庭菜園，讓孩子對食材感興趣，也是一個好方法。如果用盡各種方法，孩子還是不肯吃。這種時候，爸媽最好不要介意這件事。大家常說：「孩子上小學之後就會改變。」一開始吃營養午餐之後，看到同學都吃一樣的東西，孩子的想法也許會跟著改變：「反正大家都在吃，我也吃吃看吧。」

換個方法做做看

如果爸媽很在意孩子挑食，孩子就會更討厭這些食物。看到別人津津有味地吃著，孩子也許會對這些食物開始感興趣。

15 你不該用禮物或金錢引誘孩子，而該——讓孩子了解做事的動機與魅力

● 獎賞逐漸升級

小學一年級的時候，我對孩子說：
「考一百分，我就給你十元。」
想要鼓勵孩子努力讀書。
可是最近孩子對我說：
「十元太少了，我想要遊戲軟體。」
這樣下去，
多少錢都不夠花！

✿糖果與鞭子

我們經常聽到「糖果與鞭子」的說法。如果說，叫小孩「快去念書」是「鞭子」，那麼「考一百分就給你……」就是「糖果」了。基本上，有時用糖果當獎賞並不是壞事。

大人偶爾也會把蛋糕當成「給自己的獎賞」，買稍微貴一點的衣服時，也會想著：「好！明天要更加努力！」

好厲害喔，以前老是答錯的地方，現在完全正確耶！了不起！
咦？喔，這樣啊？

✿過度依賴物品或金錢，孩子做事會要求代價

然而，在現實生活中，如果一直給小孩吃糖果，只會害孩子蛀牙。「糖果與鞭子」裡的糖果也是一樣，給太多並不見得是好事。

只知道用物品或金錢引誘小孩，孩子會養成壞習慣，把自己做的事都換算成物品或金錢，一旦你要求他做事，他就會說：「做這件事要給我多少錢？」如此一來，孩子會瞧不起做家事或帶小孩等這類沒有收入的工作，或者他會告訴你：「我不想念書，所以我也不要錢。」「沒有零用錢，我就不幫忙了。」這樣一來，就麻煩了。

身為家裡的一分子，幫忙做家事理所當然，而念書則是為了自己好。為了激發孩子的幹勁，持續給孩子禮物與金錢，好像不太對。如果非得靠物品與金錢才能打動孩子，代表爸媽可能太依賴獎賞了。

✿讓孩子了解做事的動機與魅力

不只是孩子，每一個人都一樣，單純的得失無法打動人心。我們做事的動機，

並不是單純只為了獎品或金錢。

爸媽做事應該也有很多種動機吧？像是「這個很好玩」，或是「這麼做大家都會很開心」。

如果想要打動孩子，請教他們認識做這些事的真正魅力，激發他們做事的動力。例如讀書可以感受到知識增加的喜悅，考試可以驗收努力的成果，運動則是可以體會活動身體的樂趣，幫忙做家事，可以體認到自己可以幫助別人，或是得到別人的感謝等。

成功！
馬拉松大賽第三名！
成功！
減了五公斤！
成功！
幼稚園賽跑第一名！
賞

✿爸媽陪著孩子一起做

想要一個人持續做一件事，對大人來說，是一份苦差事，對於小孩就更不用說了。如果爸媽希望孩子挑戰一件事，最好能陪著孩子一起做。像是坐在書桌前念書、朝向目標奔跑、教孩子做家事等，親子一起完成的喜悅，應該勝過一切的獎賞。

換個方法做做看

不要用獎品或金錢引誘孩子，想要激發孩子的熱情時，最好能夠爸媽陪著一起做，以獲得孩子的認同。

第2章

父母這樣做，引導孩子自主學習力

聰明孩子的爸媽充滿好奇心。
每天都活力充沛。

16 你不該強迫孩子「去念書」，而該——幫他養成喜歡學習的習慣

● 孩子好像不喜歡念書

我家小孩每天只會打電動。
我買了他可能會喜歡的書，
可是他連看也不看一眼，
叫他：「去念書！」
他也當成耳邊風。
這樣下去，功課真的沒問題嗎？
該怎麼做，才能讓他想念書呢？

✿「非做不可」讓人覺得好痛苦

念書的動機有兩種。一種是「不得不做」的外在因素，也就是「外誘性動機」，另一種是發自內心的「內發性動機」。

外誘性動機包括「用功念書，考好成績就能獲得老師讚美」、「不念書會被罵」、「考不好就糟了」。舉例來說，外誘性動機的感覺就跟「我必須養活一家大小，所以不得不去上班」差不多。如果彩券中了大獎，立刻就會辭去討厭的工作。

同樣道理，當外在因素減弱，例如爸媽不盯著，或是換了一個比較溫柔的老師等，孩子就會立刻不想做。討厭念書的人，大部分都是為了「外誘性動機」而念書。

✿擁有好奇心，學習更愉快

另一方面，愛念書的孩子通常都有明確的內發性動機。「念了書就想學會更多事」，覺得「解開困難的問題非常有趣」。以大人為例，就像是做有成就感的工作，感覺到責任重大，並願意熱衷於工作。

「我想做」的內發性動機，並不會自然產生。平常多問孩子說：「咦，怎麼會這樣？」為孩子埋下好奇的種子。當孩子有問題時，請不要以一句「無聊」全盤否定，應該用心面對，「為什麼會這樣呢？」「我們一起找答案吧。」

此外，從外誘性動機開始，其實也沒有什麼不好。「一開始是不得已的，可是越來越有趣，我就迷上了。」這也是常見的情況。

下一個問題。
雖然會看著你練習，卻不是總監。這是哪一個縣呢？
呃……啊！是教練，高知！
（注：高知的日文發音同教練）

✿讓孩子念書的方法

很多孩子聽到爸媽說：「去念書」之後，會不知道該怎麼做。這邊舉出幾個讓孩子想念書的技巧。

● **跟孩子一起做**

一個人坐在書桌前，對大人來說都很困難。如果是低年級的孩童，爸媽可以每天陪孩子坐在書桌前十五到三十分鐘。爸媽在書桌前，為了證照或檢定考試念書，也可以刺激孩子想要學習的動力。

● **讓孩子幫自己上課**

如果是小學低年級的孩子，爸媽可以扮演學生，一起玩「在學校」的遊戲。請孩子扮演老師，重現上課內容，在遊戲中也可以順便複習課業。

● **比賽**

小孩都喜歡比賽。所以，可以邀請全家一起玩，比百格計算法或國字聽寫都可以。比賽時，應配合大家的實力，準備不同難度的題目。

● **關注守護**

孩子主動要念書時，請不要給予意見。當孩子表示：「我正在念書」，請好好地讚美他。如果孩子什麼都沒說，不妨告訴他：「你剛剛在念書吧？」讓孩子知道你一直在旁邊守護他，孩子也會注意到珍惜自己時間的重要。

百格計算最終競賽
數學我最拿手了。
才不會輸給勇人！
別小看大人！
勇人（小學三年級）
10×3格
繪理（小學五年級）
10×5格
爸爸（大人）
10×10格
開始了！開始了！負責講解的健斗小朋友，這場比賽結果會如何呢？
轉播　媽媽
比起比賽，我更喜歡香蕉。
講解　健斗（4歲）

● **把學習融入日常生活**

有時，孩子怎麼也記不起來時，例如九九乘法的「七乘以四」，不妨貼張紙條在全家人都會經過的門上。規定大家每次經過時都要背一次，請孩子負責檢查。「啊，媽媽剛才沒有說『七四二十八』！」當孩子得意地這樣說時，通常已經把內容背起來了。

● **遊戲**

例如縣市拼圖、國字遊戲等，從課本中出題，在遊戲中學習。除了孩子，大人也要參與，這樣才能提升學習效果。

● **讚美與期待**

相信孩子做得到，並且說出讚美與期待。我想每個孩子都會回應父母的期望。

換個方法做做看

強迫孩子念書並不會得到好效果，平常就要多花一點時間，讓孩子養成喜歡學習的習慣。

17

你不該把兄弟姊妹拿來做比較，而該——
認同差異，重視每個人的獨特性

● 跟哥哥不一樣的散漫老二

我們家老大很認真，
不用我提醒，每件事都做得很好。
比起來，老二很散漫，
每次都要我開口，他才會把聯絡簿拿出來。
即使我生氣地說：「你要跟哥哥多學著點！」
卻都沒有用。
明明都用同樣的方式在教育，兄弟還真的很不一樣呢。

✿兄弟姊妹間不同的教育模式

明明都是同樣父母生的孩子，個性卻不一樣，兄弟姊妹真的很不可思議。

其實，在生第一個孩子時，因為父母才剛當上新手爸媽，難免會不知所措，為了避免失敗，通常會很謹慎小心地把孩子帶大。有了一次經驗以後，已經可以從容應付第二個小孩了，所以教育模式會不太一樣。

✿你希望孩子扮演哪種角色？

有些大人可能會因為自己的期盼，在無意識中，硬要孩子扮演某種角色。例如跟大孩子說：「你是哥哥，你要忍耐。」認為比較小的孩子「很愛撒嬌」，往往會比較寵溺。對於角色的期待，也會影響孩子的個性。

✿永遠的對手

「哥哥書念得很好，所以我要靠運動來贏得讚美。」「姊姊很認真，所以我就搞笑來讓大家開心。」像這樣的想法，都是來自把兄弟姊妹當成對手的意識。

但是有時候，孩子可能會在無意識中，走偏了方向，出現像是：「我要跟哥哥不一樣，那就忘東忘西好了。」「媽媽只知道照顧妹妹，我希望媽媽多注意我，那我也來學妹妹哭吧。」等比較不好的反應。

換個方法做做看

明明是兄弟姊妹，如果你覺得「這孩子真難教」，請你反省一下，自己有沒有比較兩個人的優劣呢？不妨找機會跟孩子獨處，也許你可以看到孩子不一樣的反應。

18 你不該矯正左撇子的習慣，而該——接受天生的慣用習性，不要勉強改變

● **左撇子不好嗎？**

我家老二是左撇子。
因為現在市面上已經有左撇子專用的剪刀了，
打棒球的左投與左打也都很帥氣，
我想應該不需要矯正。
可是老公卻說：「這樣學寫字很不方便，一定要改過來！」
我想問，左撇子真的不好嗎？

✿左撇子生活上的不便

我家三女兒也是左撇子。因為寫字和拿剪刀使用右手比較方便，所以一開始我讓她試著用右手，結果一個不小心，她又改用左手了，之後我並沒有特別要她改。

她現在還在讀小學，生活上並沒有特別不方便的地方，可是還是有很多小地方會有點傷腦筋。

像是吃飯時，拿筷子會撞到左邊的人，或是沒辦法跟家人用同一把剪刀。還有，上體育課跑接力賽跑交棒時、經過車站驗票閘門時，以及上廁所拿衛生紙時。這些小地方都會讓她特別意識到自己是個左撇子。

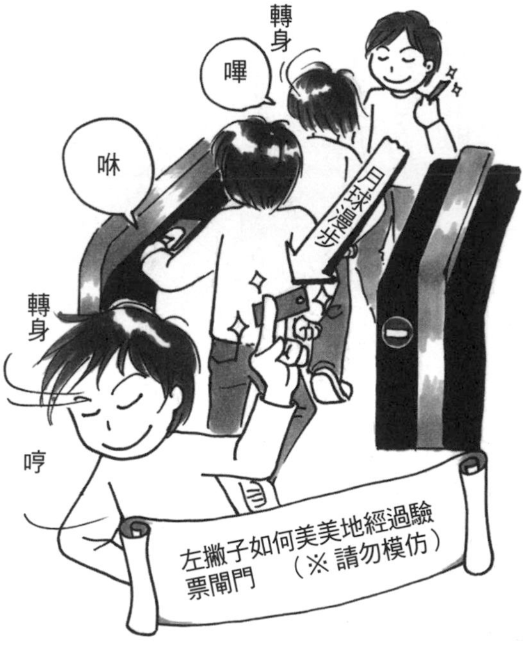

✿左撇子也可以寫書法

大家常常說左撇子不適合寫書法。實際上，我家老三第一次寫書法時，曾經哭著說：「我寫不出來！」

可是，右撇子也有可能寫不好啊。我這個右撇子母親，書法也寫不好，每次都寫到快要哭。

我曾經請教過書法老師，他表示：「寫書法在收筆或撇的時候，用右手比較好寫，不過一開始如果學會握筆的方法，其實左撇子並不會特別難學。」

很多孩子在寫大楷時會用左手，小楷和硬筆則用右手，聽說也有左撇子或是雙手並用的書法家。

✿與生俱來的慣用手

據說日本有九〇％以上的人都是右撇子。除了日本人以外，不分人種，右撇子都呈現壓倒性多數。有人說會成為左撇子與大腦有關，也有人說是遺傳的關係，目前眾說紛云，至今我們尚未發現右撇子比較多的原因。

沒有人是百分之百的右撇子或左撇子，通常都是傾向某一邊，程度有點差距是正常的。只要本人覺得用起來比較方便的手就是慣用手。慣用手是與生俱來的，不用教也會自然而然偏向某一邊，通常在三到四歲時就可以辨識，在此之前，通常都是雙手並用。

✿左撇子具備天才氣質？

據說歷史上的「天才」以左撇子居多，隨便舉幾個例子，如：達文西、米開朗基羅、拿破崙、巴哈、畢卡索、愛迪生、愛因斯坦、夏目漱石及王貞治等，在各個領域中，都可以看到左撇子。

雖然我們還沒有找到原因，但是一般認為經常使用左手的人，可以促進右腦發育，而右腦掌管空間察覺、藝術感受與靈感。

✿矯正會比較好嗎？

長期以來，人們都認為：「左撇子應該趁小的時候好好矯正，這是父母親的責任。」因為在生活用品全都是右撇子專用的年代，唯一的方法是讓人配合工具，改變慣用手。

此外，以右為尊的想法仍具有影響力，例如現在還能聽到「無人能出其右」及「左遷」等說法，這是因為在中國漢朝時，公務員在排列的時候，會依照官階高低，由右向左排列的緣故。

✿不矯正是目前的主流

現在的主流想法是「不要勉強改掉左撇子的習慣」。市面上已經有左手專用剪刀等工具，研究也發現勉強矯正可能會對腦部形成不好的影響。

慣用手是天生的。天生就喜歡用左手，表示大腦「有左撇子的傾向」。勉強矯正，會對孩子造成精神壓力，對大腦形成負

明明是雙胞胎……
筆、筷子用右手，
壘球是左投
筆、筷子用左手，
打網球用右手

擔，容易出現口吃、非自主性抽動及尿床等症狀。

✿可以讓孩子雙手並用

左撇子也是孩子的一種樣貌，並不是壞事。有人認為：「矯正為右撇子，本身就是一種錯誤。」如果父母還是放心不下，會承受來自旁人的壓力，不妨讓孩子練習雙手並用。在遊戲時鼓勵孩子練習使用右手。不過，當孩子做不好時，絕對不可以責罵，不要造成孩子的負擔。

換個方法做做看

不管是右撇子、左撇子，或雙手並用，都是孩子的樣貌，不需要勉強他修改。

19 你不該要孩子贏在起跑點，而該——配合他的腳步，一起慢慢成長

● **早一點開始，才看得到效果？**

英語會話、潛能開發、游泳等，
鄰居家的小朋友，
已經學了好多項才藝。
一開始，我天真地認為，
我的孩子還小，學東西還太早
可是我現在開始著急了，
一定要學點什麼吧？

✿越早真的越好？

從出生到三歲這段期間，是孩子腦神經細胞生成的時期。在這段時期讓孩子吸收知識，就像蓋房子時，連地基和柱子都還沒蓋好，就已經把家具和家電搬進去了。雖然並不是說一切會徒勞無功，但是其實沒有太大的意義。

在幼兒時期，希望大家能從遊戲中，培養孩子學習的興趣。例如：讓孩子擁有好奇心，以及「有志者事竟成」的鬥志。

✿孩子可能是天才？

如果是孩子感興趣、樂在其中的事，家長站在「幫忙」與「協助」的角度幫助他學習，這樣的早期教育就沒有問題。當孩子對某些特定事物感

興趣時，爸媽與周遭的大人總會對孩子有所期待。殷殷期盼的父母心絕對不是壞事，只是要注意，千萬別過頭了。

✿孩子表現可能會不如預期

由於大人已經經歷過許多事，因此可以猜測未來，想著下一步要做什麼，接下來又要做什麼。有時會完全無視孩子的進度，只想往前邁進。

在這樣的狀態下，如果孩子跟不上大人的腳步，就容易產生排斥心理。這樣一來，在某些情況下，早期教育可能無法達到預期的效果。

換個方法做做看

放慢栽培孩子的腳步，爸媽應該保持冷靜，溫柔地守護孩子。請檢視一下，自己是不是太過投入，有時想讓好不容易才長出的新芽「快點長大」，反而是揠苗助長。

20

你不該生活不規律、不吃早餐，而該——把生理時鐘固定下來，有助孩子健康成長

● **反正孩子會睡午覺，應該沒關係吧？**

有些人真的很囉嗦，老是說：

「小孩不能熬夜！」

「一定要讓孩子吃早餐！」

雖然我們家沒有吃早餐的習慣，可是中餐和晚餐都很豐盛。

孩子會等到爸爸回家才上床睡覺，

雖然比較晚睡，可是中午睡得很飽。

這樣的睡眠與營養，應該都足夠吧？

✿吃早餐，學習能力比較好

夜型與不吃早餐的生活習慣，容易導致肥胖、營養不良及生活習慣病，對健康造成不好的影響，而且大家都說：「太晚吃容易胖。」除此之外，某項研究的結果顯示：「每天吃早餐的孩子，學習能力會優於不吃早餐的孩子。」

每天的生活節奏竟然跟學習能力息息相關，真的很不可思議。

✿早餐是喚醒大腦與身體的鬧鐘

吃早餐可以喚醒大腦與身體。人的體溫在睡眠時會降低，白天活動時升高。攝取早餐補充能量，才能提高體溫，讓身體完全清醒。

此外，人體無法自行合成

大腦所需的能量——葡萄糖。吃早餐可以補充葡萄糖，把能量送到大腦。

據說要等到睡醒兩個小時之後，人的大腦才會活化。「讓體溫升高，幫大腦補充能量，等到要上課時，大腦已經活化。」這就是早起吃早餐的效果。

相反地，早上一直睡到快遲到、不吃早餐的生活，會讓身體無法完全清醒，大腦能量不足，無法發揮正常的功能。在這種情況下，上午一直渾渾噩噩，不僅上課聽不進去，早上的考試也無法發揮實力，對於孩子的課業非常不利。

✿孩子的生理時鐘準確嗎？

孩子早上爬不起來，有可能是生理時鐘沒有正常運轉。

我們身體的生理時鐘是一天二十五小時，比地球自轉的時間晚一個小時。據說只要每天早上曬太陽，就可以重新設定生理時鐘。

生理時鐘還有一個機制，在早上起床後，大約會在十四個小時之後感覺到睡意。習慣熬夜與賴床的孩子，無法妥善管理自己的生理時鐘；如果週末早上比平常多睡三個小時以上，生理時鐘無法準確對時，容易形成慢性的睡眠不足。

✿做晨光浴，重設生理時鐘

生理時鐘的對時時間在早上。越是早上爬不起來的孩子，越應該感受晨光。曬了太陽之後，身體就會重新設定生理時鐘，告訴你：「天亮了，醒來吧！」

每天早上都曬太陽，重新設定生理時鐘，持續一兩個星期之後，身體就會自然而然習慣晨型生活了。

相反地，睡前看電視、使用電腦或玩手機，盯著螢幕發出的強光，生理時鐘會誤以為「天色還早，可以繼續活動」，不容易入眠。在孩子上床的一、兩個小時之前，應把照明調暗，悠閒地度過，告訴生理時鐘：「晚上了，要準備睡覺了」，就可以讓孩子迅速入眠。

✿創造屬於早晨的小樂趣

要去郊遊、跟好朋友約好要出去玩、聖誕節或生日，在這些日子的早晨，孩子總是會迫不及待地想要趕快起床。

因為孩子有這樣的特性，建議爸媽可以多加利用，在早上準備一些小樂趣。像是早餐準備孩子愛吃的食物，或是增加好吃的甜點，多少都能改善孩子賴床的習慣。

另外，也可以帶孩子一起去散步、到附近的麵包店買剛出爐的麵包等，只要多花一點心思，就可以讓孩子覺得早起會有好事發生。

早上可以玩一些振奮精神的遊戲。
因為很早起床，可以玩到6:30！
事前要先訂好規則喔！
・每天晚上9點前一定要睡覺。
・要睡足8小時。
・換好衣服才能玩。

換個方法做做看

大人也要改變生活節奏，一起過健康的晨型生活。養成早睡、早起、吃早餐的生活習慣，不僅有助於孩子成長，對大人的健康也有好處。

21

你不該隱藏自己的努力，而該——讓孩子看到父母認真做事樣子

● 抽不出時間念書

我每天趁孩子上學時，
念書準備考證照。
在孩子放學後，
我還是一如往常地陪著他。
雖然不想影響家庭生活，
可是隨著考試時間逼近，
我念書的時間卻越來越少了。

✿爸媽是孩子的榜樣

孩子都喜歡模仿爸媽的動作。如果爸媽是擅長交際的人，會養出愛說話的小孩；爸媽喜歡玩手機，則會養出愛打電動的小孩。

個性與行為模式會相似，原因並不完全出自於血緣關係。在孩子的成長過程中，需要有一個「模範」來讓他學習。孩子總是一邊模仿著身邊的人，一邊成長。

✿讓孩子看到你念書的模樣

讓孩子看到爸媽在念書的樣子，當然比較好。模仿爸媽，跟著學習，成績雖然不一定會進步，可是至少可以教出不討厭念書的小孩。這樣一來，孩子也會做好念書的心理準備。

✿努力卻失敗了，也沒有關係

「我不想讓孩子看到我失敗的慘狀，所以想偷偷準備考試。」有些爸媽會有這種想法。雖然這樣的心情不難理解，可是在家人面前裝腔作勢，也不是好事。

如果你有心考取證照，在孩子面前要念，上廁所或泡澡時要念，不應該錯過每一分每一秒努力的機會。看到爸媽努力的模樣，孩子也會得到好的收穫。

換個方法做做看

不讓孩子看到爸媽努力的模樣，實在很可惜。看到爸媽努力的樣子，孩子會受到刺激，積極努力，想著：「我也要好好加油。」

22

你不該干預孩子使用零用錢，而該——
教孩子學會如何運用金錢

● **孩子總是亂花錢**

我每個月都會給孩子零用錢，
可是他總是拿去買一些無聊的漫畫及便宜的玩具，
全都是一些可有可無的東西。
身為一個母親，
我希望他能用零用錢買一些文具或好好存起來，
不小心就開始對他碎碎念了。

✿讓孩子學會花錢

現在的小學，都會教孩子要怎麼算錢及購買預算之內的物品。一個人如果持續過著入不敷出的生活，將會陷入貸款地獄，或是背負大筆債務，導致信用破產。金錢問題足以改變人生。

為了避免孩子在將來陷入這種慘狀，讓孩子學會如何正確使用金錢，是非常重要的事。

✿把零用錢當成教育費

讓孩子運用零用錢購買需要的物品及想要的東西，就跟我們在日常生活中，靠著部分收入當生活費一樣。雖然爸媽很想跟孩子說：「不可以超出預算喔！」不過在這之前，還是先不要把零用錢當成孩子的生活費，爸媽不妨把零用錢當成學習使用金錢的教材，就把它當成教育費吧。

在金錢上的失敗，對於大人來說非常嚴重。不妨趁孩子還小時，讓他們有經歷失敗的機會。柔道要先學會怎麼摔，滑雪和滑板也很重視跌倒的方式。有些事情就是要先跌一跤才會懂，在金錢方面也一樣。

✿讓孩子體驗失敗

當孩子拿到零用錢時，剛開始也許會高興地想：「我有可以自由花用的錢了！」他可能會在沒有考慮後果的情況下，把錢花掉，也有小孩會怕失去金錢，反而不敢買想要的東西。

然而，不管哪一種情況都沒有關係。花掉太多錢，沒辦法買想要的東西時，孩子才能了解，原來錢不是花不完的。另外，若是孩子很愛惜金錢，捨不得買想要的東西時，則會思考如何有效地使用。

即使你在看著他花錢時，心裡想：「這種花法實在太糟糕了。」還是應該後退

怪獸大戰的卡片！
有怪獸模型的口香糖。♡
怎麼辦？
買字帖的錢，被我花光了。

一步，在一旁守護他，讓他體驗失敗的感受。

可是，爸媽千萬不要刻意引導孩子經歷失敗，當孩子快要犯下無可挽回的失敗時，爸媽還是應該出手相救。

✿教孩子學會存錢

關於金錢的成功體驗也很重要。當孩子想買比較昂貴的東西時，要讓孩子學會慢慢存錢，錢才能增加；用自己存下來的錢，買到夢寐已求的東西，真的會讓人覺得很開心。

此外，在這個年代，我們也希望孩子能夠為其他人，有效運用自己的金錢。只要孩子有心，爸媽也可以教他使用自己的零用錢捐款。

✿零用錢該怎麼給？

「不知道該給小孩多少錢才好？」零用錢金額該給多少是許多父母的煩惱，如果是小學生，大概可以用年級乘以一百日元（譯注：約為新台幣三十元）左右為標準。

差不多在孩子上小學後，就可以開始給他們零用錢。管理金錢對於學齡前的孩子來說，難度還有點太高。

請注意，有些家庭採用依成果給予酬勞的方式，例如：清洗浴室多少錢、把鞋子排好多少錢等方法，如果把零用錢當成勞力的代價，可能會養成孩子「沒有酬勞就不想動手」的價值觀。

壓歲錢剩下2,000元
+
每個月300元×5
=
3,500元
新的冒險
現在展開！
怪獸大戰2
9月23日發售！
功課表
再存五個月，
加
油！

✿請孩子記帳

給零用錢時，跟孩子約法三章，請他一定要記帳。不過，畢竟不是數學課，所以可以讓孩子使用計算機協助計算。

以我們家來說，我會偶爾看一下孩子記的帳，如果帳對不起來（錢多出來時，我會把差額投進全家共用的存錢筒。錢短少時，則會在記帳本上寫下「用途不明〇〇元」，進行調整。

有些孩子覺得記帳很麻煩，所以不太喜歡花錢。這時，爸媽可以事先跟孩子溝通，決定哪些部分要請孩子用零用錢支付，如筆記本、鉛筆或函授教育的郵資等，最好是消耗品或是必須支付的錢。爸媽也可以在記帳本第一頁清楚寫下「必須由孩子自己買的東西」。

換個方法做做看

零用錢是學習支配金錢的教材，即使爸媽很不喜歡孩子的花錢方式，當孩子浪費零用錢時，就讓孩子嘗嘗失敗的滋味吧。小小的挫折會讓孩子思考金錢的用法。

23

你不該讓孩子穿上不能弄髒的衣服，而該——
把日常衣物當作消耗品，弄髒了只要洗乾淨就好

● 花大錢幫孩子買名牌

我幫兒子買了一件很可愛的名牌襯衫。
他穿起來非常好看，
也很喜歡那件衣服。
有一天，當我讓他穿去托兒所時，
沾到了食物，留下洗不掉的污漬。
唉，真是的，怎麼會這樣？
我好想哭喔。

✿沒有十全十美的防範措施

喜愛的衣服沾到污漬，爸媽應該覺得很難過、很可惜吧。有些爸媽會採取防範措施，比如先確認學校的午餐菜單，如果那天是容易沾到衣服的咖哩或義大利麵，就不會讓小孩穿上白色或粉色的衣服。

可是，這種做法並不是萬無一失。在嬰幼兒時期，即使幫他們戴上圍兜，袖子一樣會弄髒，就算穿上罩衫式圍裙，把全身都包起來，只要髒手在衣服上抹一下，衣服就完了。

再說孩子可不只吃飯時會把衣服弄髒。顏料、蠟筆、泥巴或水窪等，這些能讓孩子眼睛為之

讓他穿這種看起來很舊的衣服，真的好嗎？
上面的圖案看起來也好舊。
這件衣服好帥喔！
當然囉！就放心讓他穿上吧！

一亮的東西，都會把衣服弄髒。

✿弄得髒兮兮，可以促進大腦發育

有些爸媽不准小孩玩泥巴，認為保持乾淨比較好。可是髒兮兮的遊戲，對孩子的成長非常有幫助。例如：在沙堆玩耍。沙子的觸感可以讓孩子學會用皮膚去感覺，使用手與手指也可以促進大腦發育；把沙子堆成小山，這種遊戲可以培養孩子的想像力；跟好朋友互相交換玩沙子的工具，也可以學習互相合作與忍讓，讓孩子懂得說出想法，訓練社會的適應能力。

對於孩子來說，會弄髒衣服與身體的遊戲，包含許多重要的元素。只要情況許可，還是應該要放手讓孩子盡量玩。

換個方法做做看

把孩子的日常衣物當成消耗品，可以試著接受別人穿不下的二手衣，或是到二手衣店或便宜的量販店購買。

24 你不該說老師的壞話，而該——用詢問的方式，讓孩子找到他人的優點

● 遇到不好的老師？

念小二的女兒遇到新手導師，講話很小聲，上課也是顛三倒四，連聯絡簿都寫不好。

「遇到不好的老師，真倒楣。」我忍不住跟孩子的爸爸抱怨，沒想到女兒竟然跟我說：

「我不想去上學了。」

✿老師有好壞之分嗎？

有些家長會認為：「資深老師比較優秀，遇到新手老師很倒楣。」其實我也曾有過同樣的經驗，我家老三遇到一個大學剛畢業的男老師，看起來很不可靠。我也曾擔心：「這個老師真的沒問題嗎？」

可是我想，其實每個人的工作都是從菜鳥開始，新手老師應該會跟著孩子一起成長，於是我選擇了默默地支持老師。

結果還不到半年，老師已經習慣學校的生活，成了孩子眼中可靠的大哥哥。混在孩子當中，每天在校園裡跑來跑去。這些事，年長的資深老師應該辦不到吧。雖然老師經驗不足，但他總是面帶笑容、認真努力，老師的熱情帶領孩子不斷成長，師生感情非常融洽。

✿多鼓勵老師

一旦爸媽說老師壞話，壞話會經由孩子傳進老師耳裡。即便爸媽沒有開口，只要看不起老師或懷疑老師，這種情緒也會傳染。孩子的心思比較單純，他們會表現

今年的導師是
超緊張的菜鳥老師
僵硬
僵硬
看起來很認真，很好啊。
咦？這樣啊！
看起來不太可靠耶。
之前還忘東忘西的。
建立自信。
認真聽話。
氣氛融洽的班級
永遠都不可靠。
瞧不起老師。
不安定的班級

在對待老師的態度上。

資深老師被瞧不起時，他們有辦法應付。可是年輕或經驗不足的老師，看到孩子的態度，信心可能會受到影響。在這種情況下，原本做得好的事就都做不好了。

老師至少會陪伴孩子大約一年的時間，是父母教育孩子的夥伴。為了讓老師營造出更好的學習氣氛，我認為父母也可以在家裡協助老師，就算出發點是為了自己的孩子也有沒關係。

爸媽可以鼓勵孩子：「我覺得他是好老師喔。」「好像大哥哥，不是很棒嗎？」「遇到一個溫柔的老師，真是太好了。」也可以在聯絡簿寫上短短的謝辭，不需要討好老師，只要低調地表示信任與感謝就行了。

✿不隨著孩子說的壞話起舞

如果孩子說了老師的壞話，基本上，你應該站在老師那一邊。如果沒有很離譜，聽一聽就算了，只要當成發牢騷，不要認同孩子說的壞話。

有時候，孩子會說得有點過分。身為父母，一般我們會相信自己的孩子，但是在這種情況下，只聽孩子單方面的說法，卻是非常危險的行為。光聽一個人的意見，無法判斷實情，隨著年紀增長，孩子更不會說出對自己不利的話。即使孩子不是故意的，但是他們的想法有時只能代表單方面，不一定是事實。

請大家要小心，在聽了孩子單方面的說詞後，不可以失去冷靜的判斷力，任意向學校投訴。不然，你可能就會變成「怪獸家長」了。

✿萬一老師真的不好

會當老師的人，幾乎都很認真、熱心地在工作。只有極少數情況，會遇到沒有熱忱、上進心及指導能力，連想法都不太正常的老師。如果不幸遇到這種老師，該怎麼辦呢？

即使你覺得「這老師有問題」，最好還是不要直接對老師說。如果跟老師鬧翻了，每天都要跟老師見面的孩子，可能會首當其衝、身受其害。

如果孩子在念托兒所或幼稚園，請跟園長溝通；若孩子正在讀小學，就找教務主任幫忙。

請不要說老師的壞話，而是應該用「商量」、「詢問」的形式，其實有很多時候，這些問題可能都只是一些小誤會。

換個方法做做看

請問問孩子，老師哪些事很厲害、有沒有有趣的地方、喜歡老師哪些地方。試著找出老師的魅力吧。

25
你不該沒有讀書的習慣，而該——
善用身教的力量，讓孩子自然對書本提起興趣

● **希望孩子愛看書**

我一直認為，
愛看書的孩子腦筋會很好。
所以希望孩子能多讀一點書，
可是我家的孩子，
對閱讀好像沒有興趣。
該怎麼做才能讓孩子愛看書呢？

✿爸媽以身作則

希望孩子養成閱讀習慣，爸媽應該先讀書。孩子喜歡模仿父母，只要爸媽有閱讀習慣，孩子自然就會對書本感到興趣。

愛讀書的人，通常身邊都會有很多書，處於隨時都看得到書的環境。你不妨在家裡的各個角落放一兩本書。只要書本近在眼前，人通常都不會排斥閱讀。

放書的地點最推薦廁所，因為在這裡沒有其他事情可做，上廁所時，會自然地伸手拿書來看。不過，不要放太難讀的書，可以挑一些輕鬆的散文，或是連大人讀起來都覺得很有趣的書。

✿上圖書館

圖書館的兒童室，充滿希望讓孩子愛上閱讀的巧思。不但有放嬰兒車的地方及看繪本的空間，有些圖書館還會舉辦一些像是說故事、手部遊戲、唱童謠等幼兒可以參加的活動。

孩子想讀什麼，由他們自己決定。當孩子憑著自己的意志拿來一本書，說「我想看這本」時，請不要阻止他，硬要孩子接受大人的價值觀，會讓孩子失去閱讀的興趣。

好像很有趣，所以我買了這本書！
哇，媽媽真的很喜歡書耶。
蟲蟲隧道
希望他喜歡。

換個方法做做看

爸媽看書，平常就與書本為伍，孩子在耳濡目染下，自然就會拿起書本來閱讀。

26

你不該在別人面前貶低孩子，而該——接受讚美並誠心地道謝，就是對孩子最大的肯定

● **孩子得意忘形就不好了**

鄰居或親戚常常誇我家孩子：

「真是乖寶寶。」

「好聰明喔。」

我想反正對方說的只是客套話，也不想讓孩子得意忘形，

所以我總是回答：

「他還只是個不懂事的小孩。」

「常常不懂裝懂，很麻煩呢。」

✿無謂的謙虛，容易帶來反效果

當別人誇獎孩子時，你會不會說：「怎麼會？我家孩子一點也不好」、「他很任性，我也不知道該如何是好」等這些貶低孩子的話呢？

雖然爸媽是因為謙虛，可是孩子卻有可能照單全收。他們會想：「爸媽覺得我沒有用」，或是「跟別人說我的糗事，害我好丟臉。」

✿讚美是活力的來源

有人認為讚美會讓孩子得意忘形，其實並不會這樣。如果爸媽說：「是啊，我女兒真

的很不錯喔」，或是「這孩子念書很認真喔。」孩子會有什麼反應呢？

孩子大概會不好意思地要爸媽別講了。但在心裡確實收下這份對他的讚美與正面評價。這份讓人心癢癢的喜悅，將會轉換成為「我要努力」的原動力。

✿道謝也能表達自己的想法

也許有爸媽會想：「說這種話不會太厚臉皮嗎？」其實不需要勉強，硬逼自己說出一些說不出口的話。

當別人誇獎你的孩子時，你只要面帶微笑地道謝，發自內心感到喜悅就可以了。只要這樣做，孩子一定能夠理解爸媽對自己的肯定。

換個方法做做看

即使會被別人當成溺愛孩子的父母，還是要自豪地說：「沒錯，他真的是個好孩子。」孩子聽了後會想：「咦？原來爸媽把我想得那麼好。」於是努力往好的方向成長。

27

你不該把孩子的教育丟給別人，而該——以身作則，有些事在父母的教育下才能幫助孩子成長

● 交給專家就放心了？

我把孩子送去補習班，
結果補習班老師出了很多作業，
孩子在家寫得好辛苦。
雖然老師很重視家庭教育，
可是我都付錢希望他能好好教小孩了。
另外換一家補習班，會不會比較好呢？

✿做好要花時間陪小孩的心理準備

有些補習班會認為，有些課程學生應該要回家自己讀，上課時，採取學生有問題可以向老師發問的形式，只教更高難度的讀書方法。

爸媽本來是為了偷懶，才送孩子去補習，沒想到還要接送、改考卷、看作業，簡直比去補習之前還要忙。

尤其是小孩低年級時，爸媽除了照顧他，最好還要有心理準備，需要花很多時間陪伴小孩。

「要怎麼做，才能讓小孩在家用功念書呢？」如果你不知道該怎麼做，請老師直接跟孩子說，也是不錯的方法。

目標是讓交給專家的教育及家庭教育，能夠發揮相輔相成的效果。

✿老師沒辦法教的事

我妹妹是鋼琴老師，據她表示，每天按部就班練習的學生，還有上課前才快速複習的學生，只要看彈法就能分辨兩者的差異。一樣都是學生，老師也用相同的教法，不到半年，雙方實力就會出現很大的差距。

同樣道理，也可以套用在一些需要不斷練習的課程上。再好的老師，都沒有辦法幫孩子一點一滴地累積努力。

換個方法做做看

不要把教育全都交給補習班、才藝教室或學校，有些事情只有爸媽才能教。

28

你不該堅持孩子要有高學歷，而該——讓孩子決定自己的人生

● **希望孩子將來能到一流企業上班**

我希望孩子認真念書，
能考進一流的學校！
可是，孩子根本不把念書當成一回事，
成天說著「我以後要當足球選手」的夢話，
整天只知道玩。
想到他的未來就覺得好擔心。

✿為什麼要進入一流名校？

父母與小孩同心協力，努力以考取好學校為目標，是很美好的事。孩子的成績，部分來自父母的努力，入學考試，沒有家人齊心協力，通常很難考上，這也是事實。

然而，也常看到父母一頭熱，孩子卻覺得事不關己。請父母好好想一下，如果孩子無心準備考試，為什麼一定要孩子進入一流名校呢？

✿孩子成績＝爸媽評價？

幾年前，曾經有個媽媽告訴我：「孩子的成績就是我生存的意

到補習班接送
準備宵夜
蒐集資料
B
再三鞭策
祈求錄取
當時每天都好充實喔。
暖呼呼

義。」每天準備便當，接送小孩到補習班，整理學校的出題傾向與對策，為了擠出更多教育費，不買自己的東西等，總之，她的生活完全以準備考試為重心。

也許是辛苦總算有了回報，孩子真的擠進了窄門。我以為她一定很開心，沒想到她卻悶悶不樂地說：「我失去生存的意義了。」

後來，她開始投入志工活動，現在生活充滿活力，可是只要回顧為孩子準備考試的日子，她說：「當時根本活得沒有自我。」

那時，她好像把孩子書念得很好跟自己的評價畫上等號，把孩子的成績當成自己的評價。有個辭叫做「父母的光環」，也許也有「孩子的光環」吧。

原本，孩子的成績跟對爸媽的評價是兩件不一樣的事，但是有人認為孩子表現好，自己的評價就會上升。這也是人心不可思議的地方。

✿更寬廣的道路

有些爸媽認為：「孩子不懂這個世界，所以家長要幫他們鋪好路，讓他們能在常軌上奔馳。」

這些爸媽通常認為考上好大學，然後到一流企業上班或當公務員，才是最好的出路。可是，不管到哪裡，都沒有人能保證一定可以穩定。

業界第一的大公司都有可能倒閉，公務員也會因為自治體破產或民營化而遭到解雇。

在這個年代，沒有人知道哪一條路比較好。孩子在長大之後，應該自己開拓屬於自己的路。除了念書，爸媽也應該努力支持孩子往其他的興趣發展。

換個方法做做看

沒有人能預知未來。與其逼孩子跑在狹窄的軌道上，不如讓孩子在寬廣的大道上慢慢前進，這麼做才能擁有更寬廣的未來。

第3章

父母這樣做，孩子待人處事好圓融

隨時注意自己的行為舉止，
當個好父母吧。

29 你不該放棄自己的性別角色，而該——把笑容當做最棒的化妝品

● 不能化妝，也不能穿裙子

我家孩子的年紀還小，
喜歡親親抱抱，
所以我沒有辦法化妝。
平常要追著孩子跑，
也不可能穿高跟鞋和裙子。
我覺得越來越難過，
好像已經過著不是女性的生活了。

✿什麼是性別角色？

經常聽人家說「拋棄女人的身分」。究竟「性別角色」代表的是什麼呢？指的應該不只是服裝或化妝等外在的表現吧？對孩子露出微笑、關懷與母性，這些全都是媽媽「性別角色」的表現。

「拋棄當女人而成為母親」，能有這種自覺真的很幸福，因為這代表媽媽會好好扮演母親的角色。再加上只有女性能夠當母親，即使沒有化妝與穿著的裝飾，跟其他事物比較起來，媽媽對孩子露出的微笑，才是最有女人味、最迷人的。

✿暫時拋棄，之後再找回來

當帶小孩的工作告一段落，我回顧以前的生活，在我最小的孩子滿四歲之前，我的時間與體力全都花在照顧小孩上，連化妝都沒有辦法。

等到最小的孩子上幼稚園之後，媽媽終於有心力可以打扮了。我身邊好多媽媽都是這樣，突然變漂亮了。

到時候再好好打扮吧。有個漂亮的媽媽，爸爸和孩子也會覺得很高興，好像整個家都亮起來了。

換個方法做做看

帶小孩時，笑容是最好的裝扮。想要再次當個會打扮的女人，等孩子長大一點再開始，也不會太遲喔。

30

你不該跟其他小朋友的媽媽黏在一起，而該——
找到不勉強自己的人際交往方式

● **我該為了孩子忍耐嗎？**

我和其他小朋友的媽媽會約在公園見面，
就連下雨天都會一起吃午飯。
其中有一些我不太喜歡的人，
每天都要見面，真的很難受，
我該為了孩子忍耐嗎？

✿「媽媽朋友」是什麼？

媽媽們透過孩子建立的人際關係，稱為「媽媽朋友」。因為有「朋友」兩個字，所以大家會認為彼此真的是朋友，但是因為中間夾著孩子，所以建議媽媽們最好不要把「媽媽朋友」跟「朋友」一視同仁。

朋友是你個人的人際關係，而「媽媽朋友」則是彼此扮演孩子的媽媽而形成的關係。為了養育孩子，必須跟其他孩子及他們的媽媽往來，只要能發揮「互助」精神，來往時不要過度干涉，通常是一件好事。

✿被利用也不要介意

有些人可能是因為「我家孩子需要玩伴」，或「我想得到關於帶小孩的資訊」，為了利用其他孩子與媽媽，才會與你來往。

雖然這樣很方便，但是如果你把對方當朋友，對方卻把你和孩子當道具，這種感覺應該不怎麼愉快吧。若是因為這種原因，我們就不與對方往來，可能也太小家子氣了。來往時，不妨盡量劃清界限，不要太過在意比較好。

每個人對「媽媽朋友」的定義，原本就不一樣，也沒有辦法可以改變別人的想法，所以我們只能盡量在心裡保持距離，觀察對方怎麼對待自己。

不要勉強自己說：「這是為了孩子」，也不要覺得媽媽朋友的世界就是一切。就算成為了媽媽，我們還是有機會可以交到氣味相投的好朋友。

✿恐怖的同儕壓力

請大家回想一下小學的時候，對於女生來說，「下課要和誰去廁所」是不是很重要的問題呢？為了媽媽朋友的關係而煩惱，被排擠、鬥爭、爭風吃醋，跟那個時候還蠻像的。

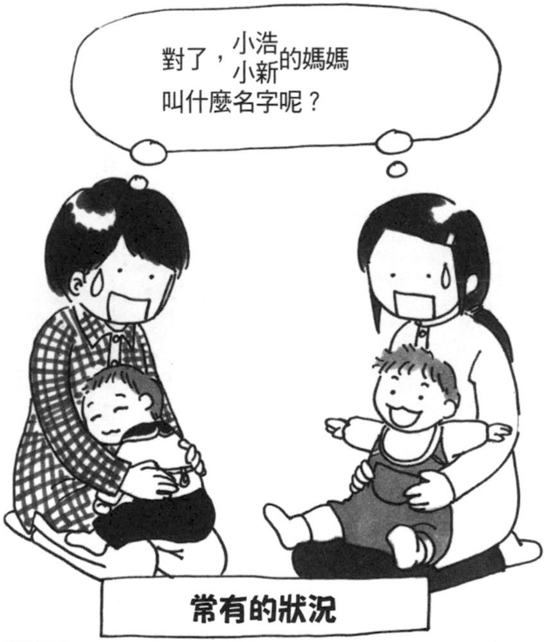
對了，小浩／小新的媽媽叫什麼名字呢？
常有的狀況

可是為什麼歷史會重演？明明立場與年紀都不一樣了。我想，原因應該是出於想要排除異己的「同儕壓力」吧。

舉例來說，「住在同一個地區，孩子年紀差不多，生活水準也不相上下，明明屬於同一個團體，可是卻又跟其他人不太一樣，這點讓人無法原諒。」這就是同儕壓力。當團體內部的共通項目越多時，同儕壓力就會跟著升高。

感受到同儕壓力時，其他媽媽也會覺得「有點麻煩，還是盡量配合大家吧」。這也可以說是只會發生在女性之間的麻煩人際關係，要在同儕壓力的內部站穩腳步呢？還是不想承受壓力，離開團體呢？大概只能二選一了。

✿媽媽被排擠了，怎麼辦？

被媽媽朋友排擠時，媽媽的精神會受到很大打擊。但是，若要跟那些以「跟大家一樣」為價值基準的人深入交往，既沒有內涵，也很無趣。其實，沒有必要假裝跟大家的感情都很好。不妨建立一個可以讓自己與小孩玩耍的世界，或是換一個遊玩的地方。

✿跟合不來的人怎麼相處？

隨著孩子成長，媽媽朋友群會逐漸轉移到家長會、地方或升學考試等活動。雖然不是一輩子的交情，但是你可能必須跟某些人維持長期「媽媽朋友」的關係。

這時，最好能夠保持若即若離的關係。如果覺得自己「跟這個人處不來」，在討厭他之前，一定要先保持距離，保留你的好惡判斷。

不要明確地決定自己喜歡或討厭對方。喜歡或討厭？敵人還是朋友？其實，人際關係沒有所謂的是非黑白，就算有灰色地帶也沒有關係。

雖然沒辦法很融洽地相

7年後，在小學裡
啊，好久不見，小浩在哪一班啊？
3班！小新呢？
小新在2班！
那麼，下次見囉！
感情逐年變淡

處，還是要盡量維持能笑著打招呼的關係。不管大人和小孩都要學會這一招，這是人際關係的智慧。

換個方法做做看

媽媽朋友形形色色，請找出不勉強自己、不用逼迫自己的交往方式。就算只是表面上的交往，也算是一種交往的方式。

31

你不該忽略場合隨興穿著和說話，而該——注意適當的服裝與行為舉止，是禮貌的表現

● 我就是我，不行嗎？

我喜歡穿休閒的服裝。
參加女兒的幼稚園入園典禮，
我打算穿著日常的衣服出席，
婆婆卻特地買了套裝給我，
跟我說：「你穿這件吧。」
老實說，衣服很老氣，我並不想要穿。
我想穿適合自己的衣服，這樣真的很奇怪嗎？

✿人常會憑外表做判斷

穿什麼衣服，是一個人的自由。可是別人會從外表來判斷你的內在，這也是不爭的事實。不管對方與你是不是合得來，先思考一下，你是不是也會從服裝、髮型及打扮等因素來判斷一個人呢？

也許，你可以說，在稍微聊過後就能大致了解一個人。可是，想要了解一個不熟悉的人時，除了外觀外，要從其他因素去判斷，真的很困難。

✿爸媽打扮得太花枝招展

學校或幼稚園的老師也會從外表做判斷。因為他們要同時面對許多父母，能花在每個人身上的時間相對比較短，只能從外表來推測。

當爸媽打扮得標新立異時，有時候會讓孩子一開始就被做記號：「這個孩子是那個爸媽的小孩啊。」

✿享受與平常的落差

當然，如果你擁有堅強的信念，那麼一定有能夠理解你的人。可是，又不是一輩子都要穿這種衣服，而且重點不在衣服，而是內在。參加入學或畢業典禮時，不如好好享受一下跟平常不同的落差，或者乾脆來個大變身也不錯。

媽媽，妳今天穿得跟平常差好多喔。
呵呵，這樣啊？
我正在扮演「認真的媽媽」喔。

換個方法做做看

在團體生活中，為了避免被標記為「問題人物」，假裝「正常」也是一種處世之道。

32

你不該用敷衍的方式跟人打招呼，而該——

自然而然地應對，讓孩子也能主動模仿、開口

● **希望我的孩子懂得跟人打招呼**

我家小孩好像不太有禮貌，
遇到人都不會打招呼，這讓我覺得很困擾。
孩子遇到鄰居時，常常假裝沒看到，
就算我壓著他的頭說：「快點打招呼。」
他也會一溜煙地跑掉。
已經要上小學了耶（嘆氣）。
該怎麼做才能讓小孩乖乖打招呼呢？

✿爸媽打招呼時，愉快嗎？

懂得跟熟人或鄰居道「早安」、「你好」的孩子，是不是讓人感覺很好呢？如果還懂得說「謝謝」和「對不起」，可能連爸媽都覺得有些得意了。

不過就是打聲招呼而已，但是如果孩子沒辦法跟人打招呼，原因可能出在爸媽的身上。爸媽跟朋友或熟人見面時，有沒有打招呼呢？

孩子都會模仿爸媽的行為。大人打招呼時，通常都是隨口說聲「早啊」、「嗨」就帶過了。在這種狀態下，要叫小孩說「你好」，會比較困難。

✿孩子打招呼，大人要讚美

首先，爸媽要帶頭清楚地說「早安」和「午安」。即使孩子不會主動打招呼，也不用太介意。

當爸媽持續這麼做，總有一天，孩子也會模仿，自己主動開口說。

等到孩子主動打招呼之後，爸媽要說：「你懂得打招呼了，好酷喔。」「你好厲害喔。」馬上讚美孩子。讓孩子感覺「打招呼就會得到讚美」，於是他們就會認為「打招呼＝好事」。

孩子最喜歡被讚美了，事前做好準備，對鄰居或奶奶說：「如果孩子打招呼，請讚美他。」也是一個不錯的方法。

換個方法做做看

爸媽大聲地說「早安」和「你好」，為孩子示範打招呼的方法吧。

33 你不該拿各種理由違反交通規則，而該——了解訂定規則的用意，是在於保護生命

● **我在趕時間**

每次帶小孩到幼稚園快遲到時，
如果看著眼前的號誌由黃變成紅，
孩子就會說：「紅燈了。」
但我還是會硬拉著他的手往前衝，
總算趕上了進教室的時間。
反正也沒有車，而且不會遲到，
這樣應該沒有關係吧？

✿孩子會模仿父母

偶爾看到帶著孩子又無視交通規則的父母，真的覺得很危險。沒碰上車禍，只是因為運氣好，再這樣下去，總有一天可能會出事。

我們不知道什麼時候會遇上車禍。如果有一天，已經上小學的孩子，在獨自出門時心想：「趕一下時間應該沒關係吧」，無視紅燈過馬路，會怎麼樣呢？

✿寧可遲到，也不要闖紅燈

有的父母會認為：「話雖然這麼說，可是快遲到了，闖紅燈也是沒辦法的事！」其實，只要早點起床，應該就會有充裕的時間前往學校。不要理所當然地認為「早起是沒辦法做到的事」。

如果真的覺得來不及，在出門前先打個電話，為自己會遲到道歉，再慢慢出發吧。跟喪命於車禍相比，遲到只會影響別人對你的觀感，但至少能夠安全抵達目的地。

✿安全的牽手方式

走在路上的時候，請爸媽站在車道那一邊，牽著學齡前的孩童，千萬不能放手。讓孩子握著爸媽的大姆指，爸媽再握住孩子的整隻手，就不容易鬆開了，大家可以試試這個方法。

換個方法做做看

不要闖紅燈，遵守交通規則也是在保護自己的生命。爸媽一定要以身作則，讓孩子也能跟著遵守交通規則。

34 你不該要求特殊待遇，而該——認清每個人都是平等的

● **只是停一下車**

去醫院時，
一般的停車場好遠，很不方便，
所以我把車停在殘障專用的停車格，
結果被工作人員警告了。
帶著小孩真的很辛苦耶，
只是停一下車，
通融一下有什麼關係？

✿要求別人對你寬容

舉例來說，在電車上，看到老弱婦孺後主動起身讓座，跟被人家提醒應該讓座之後才有動作，感覺應該差很多吧。即使你覺得應該讓座給老人與小孩，當別人直接對你說：「我是老人，讓我坐。」或「我帶了小孩，你應該讓我坐。」會不會讓你感覺很不愉快呢？

✿社會氛圍不利於帶小孩

很遺憾，目前的社會，父母在帶小孩時，通常只會留下不好的回憶。還是有人會覺得「小孩很麻煩」，即使是帶過小孩的人，可能也會覺得：「我也是這樣苦過來的，現在的父母多辛苦一點也是應該的。」甚至有人會有壞心眼的想法。

在這種狀態下，如果你抱持著「我帶著小孩，所以大家都要禮讓我」的態度，並不是一種聰明的做法。

✿做好不方便的覺悟

當你覺得困擾時，可以請求別人的協助：「可以麻煩你這麼做嗎？」這並不是壞事。可是，如果你並沒有很困擾，那就另當別論了。因為在這個社會上，如果大家都覺得「自己是例外」，要求特別待遇，那麼事情就麻煩了。

忍受一點點的不便。只要你做好心理準備，在不方便之中，總能找到解決辦法。也許可以看到過去沒發現的事物，或是學會越來越多的事，讓你的世界變得更寬廣。

換個方法做做看

帶著小孩出門很辛苦，不過也不是只有你比較特別，請多花一點心思克服吧。

35 你不該拒絕擔任家長會委員，而該——主動參與公共事務，說不定能獲得意外的收穫

● 當委員好像很辛苦

孩子的幼稚園，
一直有個不成文的規定，
孩子在學時，家長至少要當一次委員。
可是當委員好像很辛苦，我一點都不想當。
之前已經躲掉很多次了，
差不多快要躲不掉了，
該怎麼辦才好？

✿很辛苦，也有很多好處

很多父母覺得當家長會委員「很辛苦」、「很麻煩」，所以都想要盡量逃避。「在當了家長會委員後，要處理不少雜務，還要花時間、花心力，甚至金錢，根本沒好處。」在接下委員工作之前，我也是這麼想的。可是在我做過幼稚園的家長會委員後，我發現當家長會委員不全然是壞事。

因為要開會，所以我有更多機會到幼稚園。平常只有接送時才會到幼稚園，如今有了親身觀察幼稚園環境的機會，也有機會與老師進一步交談，跟不同年級孩子的媽媽交換資訊，比起付出的心力，我覺得收穫更多。

✿不熟悉更應該主動

我孩子上小學一年級，在第一次開家長會時，有一位積極的媽媽說：「我們才剛搬來，對這個地區不熟。如果大家願意給我邊做邊學習的機會，希望大家能讓我擔任家長會委員。」

她的理由是成為委員後，必須跟其他的父母溝通。她可以利用這一點，讓自己更熟悉這個地區。她還表示，除了學校與學區的消息，有機會向許多人問到她想知道的事情，像是小孩的托兒所或病童照顧等資訊。

✿獨善其身就好嗎？

大家都不喜歡麻煩的苦差事。可是，當所有人都避開這些麻煩與辛苦的事情時，這個世界就無法順利運轉了。

「自己好就行了」，這樣的個人主義已經過時。如果說和公德心有關，好像有點太誇張，但是為了大家著想，互相幫忙，彼此協助，才是這個世界需要的元素。

更何況學校或幼稚園的家長會委員，處理的事情都與自己孩子有關。請家長想辦法擠出工作與做家事的時間，盡量參與吧。

交到很多朋友，大家一起吃午餐，很開心。
更了解學校，也可以就近觀察孩子的狀況。
咦？
是不是常常要去學校啊？
有事好像會被叫去，很討厭。
有經驗的人
沒有經驗的人

幼稚園和學校的主角當然是孩子，雖然他們不會表示感謝，但是在許多爸爸和媽媽的協助下，度過愉快的學校與幼稚園生活，總有一天會成為他們溫馨的回憶。

✿無法參加時也要幫忙

如果真的沒辦法，當然不必勉強，只要在解釋清楚後棄權就可以了。不需要勉強自己接下幼稚園和學校家長會委員的工作。可是，如果你是工作忙碌、不擅長與人打交道的家長，還是應該稍微思考一下，如何在自己拿手的領域做出貢獻。

「雖然不能出席委員會，請讓我幫忙製作傳單。」「我沒有辦法參加一整年，但是會計監察的工作應該沒問題。」「如果園遊會要製作甜點，就交給我吧。」這裡面也許有你可以做的事情。你可以向其他委員表示願意幫忙，也許會被拒絕，但是至少你已經表達了「我想幫忙」的心意，其他委員應該不會覺得不高興才對。

✿爸爸也可以挑戰

家長會不只是媽媽的工作，爸爸也可以參加。

我在幼稚園當委員時，還記得有幾個委員是由爸爸擔任。這些爸爸可以做粗活，懂得用機器，也會一些狂野的遊戲。在舉辦孩子的活動時，非常可靠。再加上，如果委員會全都是女性，意見通常會比較偏頗，爸爸可以從男性的觀點看事情，帶來良好的刺激。

有些地方甚至有爸爸的組織，如「父親會」等，沒有這種組織的幼稚園或學校，也可以看到越來越多活躍的爸爸。

我有一個朋友，就是透過托兒所的委員活動，在附近結交到一群「爸爸朋友」（也是酒伴），如果他只在公司與家裡往返，根本不可能交到這些朋友。

換個方法做做看

如果幼稚園或學校的家長會委員是輪流擔任，請盡量接下來吧。當家長會委員不只能跟老師培養好交情，也可以交到許多朋友，爸媽更可以成為孩子的良好示範。

36

你不該天天都盯著手機滑，而該——放下電子產品，重視眼前面對的人事物

● 沒辦法放下手機

手機除了可以跟朋友傳訊息，
還可以玩遊戲，
隨時更新推特和部落格，
我想沒有手機我會死。
手機還能跟大家交換關於帶小孩的資訊，很方便，
而且大家都是這樣，我覺得應該沒關係，
但是，婆婆卻有點挖苦地對我說：「你真的是手機成癮。」

✿轉換心情和交換資訊的工具

大家常說在家裡帶小孩容易與社會脫節，現在雖然人在家裡，只要有手機，就能跟社會保持聯繫。像是跟遠方的朋友傳訊息聊天，上推特、部落格及臉書等，結交一起分享帶小孩煩惱的朋友，或是蒐集幼稚園、入學準備及小兒科診所的評價等資訊。手機等通訊設備或網路，只要使用得宜，可以讓教養小孩的生活更方便、更有趣，並且更充實。

✿使用時要有分寸

使用手機跟朋友溝通，方便又好玩，但是過度投入就會變成問題。有些人沉迷於線上遊戲，甚至還說：「如果我離開，會害很多人（在遊戲裡）死掉。」在電腦前一待就好幾個小時。

「現在不回信，就跟不上話題了。」「現在一定要說句話才行。」似乎很多人都會將參與虛擬話題當成自己的義務。

偶爾這麼做還好，如果一直沉迷於其中，可能會忽略孩子需要爸媽的情況。

因為這是讓生活方便又快樂的工具，自己更應該劃清界線，妥善地運用。

扮家家酒的時候
媽媽，我肚子餓了。
等一下喔，我先更新一下部落格。
驚

換個方法做做看

每天三十分鐘也好，關掉手機電源，給自己一段在實際生活裡的時間。不要錯過孩子說「爸媽，看這邊」的訊息。

37 你不該把抽菸當習慣，而該——戒菸不只是為了小孩，也是為了自己好

●戒菸比較好嗎？

我懷孕及哺乳時都沒有抽菸，
趁著孩子上幼稚園時，
忍不住會來一根，
不知不覺，現在又回到過去的菸量了。
孩子已經四歲，
我也不會在孩子面前抽，
這樣應該沒有影響吧？

✿只有壞處的嗜好

菸還是戒掉比較好。目前已經證實二手菸裡的有害物質會影響孩子發育，也可能引發意外或火災，而且對身體有害，會使皮膚變粗糙，還要花錢買菸，衣服和頭髮也會沾到菸味，並會弄髒房間及被不抽菸的人討厭，根本沒有好處。

✿可怕的意外

除了孩子可能會觸摸點燃的香菸，或把香菸放進嘴巴裡，造成燒燙傷意外等，每年都還會發生多起兒童誤食菸蒂，或誤飲菸灰缸裡的水等意外事故，香菸裡的尼克丁含有劇毒，只要吃進少量就有可能會致死。

※誤食香菸時，請撥打毒藥物防治發展基金會二十四小時諮詢專線：（02）2871-7121

✿下定決心戒菸

抽菸其實很不方便，要到處尋找可以抽菸的地點，也得藏好打火機，免得孩子拿到。既然這樣，為什麼還要容忍這些不方便呢？站在客觀的角度看，是不是會覺得自己很愚蠢呢？為了戒菸，請往前邁出一步，戒菸不只是為了小孩，也是為了爸媽好。

換個方法做做看

只要想想自己被香菸控制，應該都會想要「戒菸」。如果靠自己很難戒，請找醫生協助吧。

38
你不該無視他人的存在，而該——
注重禮貌，因為孩子會看得一清二楚

● 沒禮貌的母子檔

前幾天，我搭電車時看到一對母子檔，進車廂時衝很快，只為了占座位，小孩大聲喧鬧，到處走動，媽媽卻只顧著傳簡訊，完全不管小孩。下車時，還把垃圾留在座位上。不禁讓我反省，想著自己帶小孩出門時，有沒有做過這種事。

✿禮儀的目的

教孩子禮貌的老師，只有爸爸和媽媽。為了孩子著想，爸媽一定要當個有禮貌的大人。

禮儀的目的，是為了不要造成他人的不愉快。其實，你給人的感覺愉不愉快，最終都會原封不動地回到你身上。

✿讓孩子引發良性循環

大人都會讚美有禮貌的孩子：「好懂事、好聰明喔。」受到讚美與疼愛的孩子，會坦率地聽從大人的話，在學校也會遵守師長的教導，提升學習能力。被讚美的機會

接二連三增加，就會引發良性循環。

沒禮貌的孩子，即使沒有人當面指責他，人家也會在背後耳語：「那個小孩，實在很沒禮貌。」幫他貼上負面的標籤。孩子在學校不乖乖聽老師的話，成績和評價一直往下滑。一旦捲入這樣的惡性循環，要挽回就會很困難。

換個方法做做看

不要亂丟垃圾、讓座給老年人及行動不方便的人士、不要插隊等，好好告訴孩子應該要遵守哪些禮儀吧。

39

你不該完全按照親子書籍教育，而該——

把書籍當參考，每個人都是獨一無二的，沒有絕對的教育方法

● **書本寫的跟實際情況不一樣**

我比較了幾本親子教養書籍，
終於找到比較「理想」的一本書。
我照著書上教的內容帶小孩，
媽媽卻笑我：「養小孩還要參考書」，
小孩的反應也跟書上寫的不一樣，
這讓我實在有點不知所措。
我到底該怎麼做比較好呢？

✿爸媽應該自己找正確答案

站在爸媽的角度來想，如果我家孩子跟教養書上寫的不一樣，難免會感到不安。大部分的教養書籍，在撰寫時，會盡量符合較多人的特徵，所以內容通常都是取平均值，或是以常見的情況為主。這樣一來，反而容易有許多不符合的狀況。

✿當爸媽感到不安時

有些資深的父母會說：「要是能照著教養書籍養，就不會那麼辛苦了。」一在大多數情況下，即使孩子的反應跟教養書籍寫的不一樣，也不需要太過介意。我認為教養書籍只能作為參考，幫你找到適合自己帶小孩的方式。

當你遇到教養書籍無法解決的問題時，不妨請教其他有經驗的人，或是上

「帶小孩最好採用放任的方式。」
這樣啊，那我放心了。
這本寫怎樣？
快樂帶小孩
與嬰兒生活

網搜尋方法。有幾個孩子，就有幾種帶小孩的答案。爸媽可以找尋自己覺得不錯的做法，並且自行變化。

萬一還是覺得不安，不妨去請教家庭醫生、公共衛生護理人員或褓姆等教養專家。如果你只是為了安心才去諮詢，提問時應該不需要太緊張，可以把不安的地方仔細地詢問專家。

換個方法做做看

教養書籍的內容，通常是為了方便爸媽找出適合自己的做法。當教養書籍內容跟實際帶小孩有出入時，也沒有關係。如果真的覺得很不安，請找專家諮詢及協助。

40

你不該尖峰時段帶孩子搭車，而該——

使用替代方案，避免孩子哭鬧或是遇到危險

● **帶孩子搭乘通勤電車，真的不行嗎？**

我因為必須處理一件無法推掉的事，
所以帶小孩搭乘早上的通勤電車。
當小孩開始哭鬧時，
其他乘客紛紛抗議：「好吵喔。」「真危險。」
「大家現在正要去上班，這種媽媽真沒常識。」
聽了這些話，害我當場忍不住就掉下眼淚。

✿贊成與反對的兩種意見

關於帶小孩搭乘通勤電車，網路上曾經掀起一場論戰。有人稱通勤尖峰時段的電車為「戰場」，認為帶小孩搭乘擁擠的電車「缺乏常識」，但是也有人認為「小孩也有搭車的權利」。

有些時候，可能真的不得不帶小孩搭乘通勤時段的電車。可是硬擠上爆滿的車廂，不只會讓小孩覺得不舒服，爸媽也要隨時注意周遭的狀況。

✿隨時準備替代方案

很遺憾，以後還是會遇到抱持「別帶小孩搭乘擁擠電車」意見（偏見）的人，想要讓尖峰時段的車輛不那麼擁擠，也不是一個人就可以辦到的事情。

帶小孩的首要任務是保護孩子，讓孩子處於安全穩定的狀態。然而，難免還是會遇到不得已的時候，這時不妨想想其他方法，例如：改搭計程車、錯開尖峰時段，或是選擇每站停車的慢車。

此外，外出時，盡量為自己保留充裕的時間與安穩的情緒。先決定好，一旦孩

帶小孩搭車的訣竅

① 每站停車的慢車比快車好

馬上就到囉～～
下一站
我要上廁所！
下一站先下車好了。

② 選擇發車站比較近的車輛

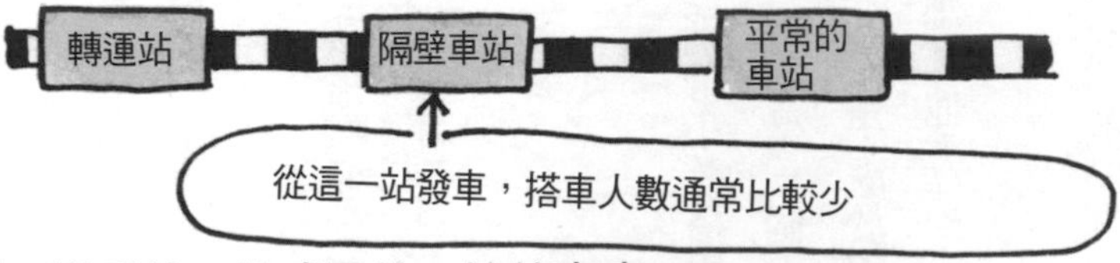
轉運站
隔壁車站
平常的車站
從這一站發車，搭車人數通常比較少

③ 搭乘第一節或最後一節的車廂

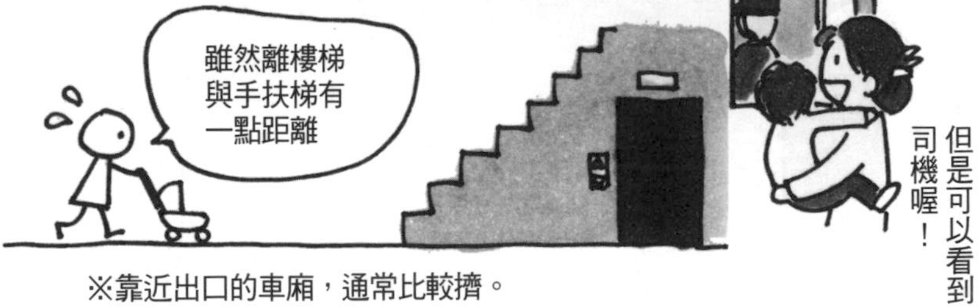
雖然離樓梯與手扶梯有一點距離
但是可以看到司機喔！

※靠近出口的車廂，通常比較擠。

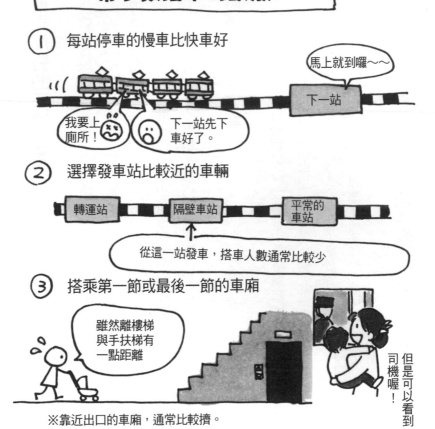

子開始哭鬧就先下車，「在這種時候就這麼做」，心裡隨時有替代方案，就可以讓你更沉著冷靜了。

換個方法做做看

如果孩子在車子裡哭鬧，不妨在中途的車站下車，出門時預留一點時間，隨時都能改變計畫。

41 你不該出門不帶衛生用品，而該——隨身攜帶手帕以備不時之需

● **不帶衛生用品，這樣無所謂嗎？**

我在車站的廁所等小孩時，
不經意看了一下洗手台，
看到許多沒帶面紙或手帕的女性。
洗完手之後，直接甩甩手，
或是用衣服或頭髮擦手，
看了覺得很不舒服，
大家真的認為這樣無所謂嗎？

✿用什麼擦手？

外面的廁所通常都有烘手機或擦手紙，不帶面紙或手帕，其實也沒有什麼不方便。但是，在有些情況下，沒有面紙或手帕，就真的很不方便了。拿濕濕的手抹在衣服上，或是假裝梳理頭髮，看起來真的很不美觀。

當別人這麼做時，如果你能迅速拿出自己的手帕，是不是很帥氣呢？只要攜帶手帕，就可以提升爸媽的衛生水準，效果沒有其他東西比得上。請一定要隨身攜帶手帕。

✿手帕很方便

手帕在各種情況下都能派

上用場，非常方便。大條的手帕，在孩子外食時，可以拿來當圍兜，遊戲時可以當帽子，也可以包著一些甜點，隨身攜帶，或是把幾件行李綁在一起，提行李時相當方便。

換個方法做做看

漂亮的手帕不僅實用，隨身攜帶也可以提升爸媽的衛生水準。在跳蚤市場和特賣會都能買到便宜的手帕，不妨多買一點，隨身攜帶吧。

42

你不該沒有節制的喝酒，而該——適量地淺嚐，為孩子示範良好的品德教育

● **戒不掉喝酒的習慣**

我本來就不討厭喝酒，
自從孩子上幼稚園之後，
我發現我越喝越多了。
煮晚餐時一邊喝啤酒、日本酒、威士忌、燒酒，
家裡有什麼就喝什麼，
喝到睡前，通常都已經醉茫茫了。
我想這樣應該不太好吧？

不要讓孩子看到自己丟臉的模樣

參加別人的家庭派對時，讓小孩玩在一塊，爸爸媽媽在白天喝點香檳或啤酒，這種情況很常見吧。

喝酒沒關係，可是不能過量，喝醉就不好了。沒人喜歡看到自己爸媽醉得不省人事。在孩子面前適度飲酒，爸媽才能為小孩示範好的品德教育。

飲酒要適量

俗話說：「酒為百藥之長。」沒錯，「適量」的酒確實好喝，又能使人覺得愉快。可是，過多的酒不只會造成酒精中毒，還容易引發酒精性肝炎、慢性胰臟炎及乳癌等疾病，實在有礙健康。

也有研究顯示，當男性與女性在同一時間，攝取等量酒精時，女性酒精中毒的時間大約只有男性的一半。由於荷爾蒙的影響，女性代謝酒精的功能比較差，肝臟比男性小，體重也比較輕，由於以上這些因素，吸收、代謝酒精的速度都比較慢。

如果要喝酒，最好不要每天喝，一次只要喝一杯，每個星期至少要讓肝臟休息兩天以上。如果沒喝酒就無法平靜，也許已經快要酒精中毒了，最好能夠就醫觀察。

換個方法做做看

喝酒時，請淺嘗即可，不要喝太多。每星期至少讓肝臟休息兩天，別忘了保護自己的身體，不要受到酒精影響。

43

你不該覺得用餐禮儀隨便就好，而該——平常就遵守正確的用餐規矩

● **孩子跟我就像同個模子刻出來的**

吃晚餐時，孩子一邊吃飯，
一邊用手托著下巴。
當我出聲阻止：「不可以這樣。」
孩子卻回答：「媽媽也是這樣啊！」
沒錯，我偶爾也會這樣。
在日常生活中要注意用餐禮儀，
真的好困難喔。

✿吃飯要抬頭挺胸

吃飯的姿勢、筷子跟碗的拿法，都是小時候學的，也是判斷一個人品格的重點。請你看看駝背又托著下巴吃飯的人，以及抬頭挺胸吃飯的人，比較一下就知道，姿勢好的人看起來就是比較優雅。

人在長大後，不管是要相親或有重要的洽商時，都會有機會跟別人一起用餐。人在緊張時，更容易顯露出自己的本性。

✿為什麼用餐要有禮儀？

我認為用餐禮儀具有兩大意義。一是不要讓一起用餐的人感到不愉快。如果眼前有人吃飯發出難聽的聲音、舔筷子，我想感覺應該很不舒服吧。只要你有心跟大家一起愉快地用餐，應該就會主動注意禮儀才對。

另一個就是，我們吃飯時，應該抱持著感謝「生命」的心情。牛、豬、雞、魚等食物，本來都是活生生的生物。我們吃生物維生，是一種不可思議的命運，所以我們不能看輕吃飯這件事。

換個方法做做看

在日常生活中，教孩子學會用餐禮儀，最好的方式就是由每天一起吃飯的大人親身示範，耐心養成孩子好的習慣。

44

你不該因孩子被責備就翻臉，而該——培養能夠說出「謝謝你幫我罵小孩」的關係

● **不能原諒其他媽媽罵我的小孩**

我家小孩擅自玩朋友的玩具，
結果對方的媽媽嚴厲責罵我的孩子。
我家孩子的確有錯，
可是其他孩子的媽媽，
卻在我眼前罵我的小孩，
我實在無法原諒她的行為。

✿可能是傷害到爸媽的自尊

不曉得為什麼，看到別人罵自家小孩時，父母心裡總是會不太舒服。當孩子做錯事時，罵孩子通常是父母的責任。

當別人責罵自己的孩子時，爸媽會覺得不高興，可能是因為覺得別人暗中指責自己做得不夠好（儘管對方沒有那個意思）。

當孩子被別人責罵時，如果你會覺得生氣，也許是因為覺得身為父母的自尊，被人踐踏了。

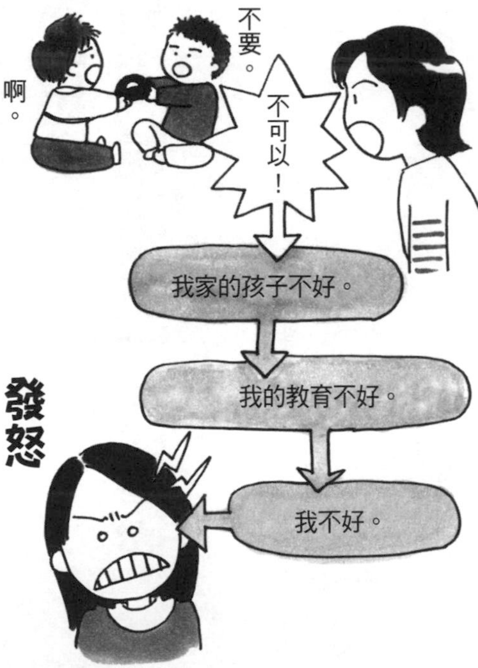

✿責罵別人孩子的理由

換個角度想一想，如果是「別人的孩子」，我們通常會有所顧忌，不會隨便責罵。那麼，為什麼要責罵別人的孩子呢？我認為原因有三個。

①由於自己的孩子在場，想要讓他了解好壞的標準。
②因為是跟自己孩子有關的小孩，希望教他學會社會的規範。
③認為別人的孩子跟自家孩子一樣，忍不住出言斥責。

✿別人的孩子不好罵

當你罵別人的小孩時也要小心。也許你的想法是別人的小孩跟自家小孩差不多，抱著「希望他更好」的心情，可是小孩的爸媽可能會覺得：「你想對我的小孩做什麼？」結果演變成互相攻擊：「隨便罵我家的小孩。」「我好心幫你教小孩，反而被你罵。」使彼此陷入緊張的關係。

當別人責罵自家小孩時，請你冷靜下來，應該把它想成別人在幫你教小孩。這時你的感覺應該是「謝謝」及「不好意思」吧。

教養方式不同時

可是，每個人的教育基準都不一樣，如果對方是體罰型父母，要是他比照他們家的標準，那就麻煩了。當你覺得不太對勁時，也許是雙方對於帶小孩的想法有出入。

這時，不要去干涉對方的價值觀，慢慢地減少往來頻率，也許是比較好的方法。

剛才不好意思，不小心把他當成自家小孩，開口罵他了。
呃，不要緊啦。
是我家的小孩不乖。

換個方法做做看

當別人責罵自己的小孩時，應該心懷感激。當其他人以明確的基準責罵自家小孩時，請對他們說：「謝謝你幫我罵小孩。」

第4章

父母這樣做，鼓勵孩子人格正向發展

偶爾沮喪也沒關係，
找出適合自己教養孩子的方式吧。

45

你不該老是板著一張臭臉，而該——
常常開口笑！微笑永遠比臭臉好

● 我這樣的表情不行嗎？

我不說話時，臉看起來很臭，
別人都說不太敢跟我說話。
前幾天，就連小孩都說：
「媽媽永遠都在生氣。」
我實在是大受打擊。
每天我都忙個不停，根本沒心力保持笑容。
無法露出溫柔微笑的我，是一個不及格的媽媽嗎？

✿沒必要逼自己隨時笑臉迎人

「隨時隨地都笑臉迎人」，這是非常溫柔的心境，但我認為這是一種理想。認真追求理想的爸媽，會認為當自己無法一直保持微笑，是個「不及格的爸媽」。其實才沒有這麼一回事。

理想會被稱為理想，就是因為在現實中很難實現。對於人來說，無法隨時隨地用笑臉迎人，也是很正常的。強迫自己達到理想，無法達成就覺得沮喪，只不過是在浪費時間罷了。

不要想得太嚴重，只要想著，微笑永遠比臭臉好，在能做到的時候盡量以笑臉迎人就好了。

✿笑不出來時請進廠維修

爸媽也是人，也會有不高興、心情不好的時候，身體不舒服時，也會笑不出來。如果覺得自己最近笑容變少了，請好好檢視自己的狀況。是不是身體不舒服？有煩心的事情嗎？睡眠不足嗎？有事情想做，卻無法完成嗎？可以找到原因嗎？

身體不舒服時，要多休息；如果睡眠不足或疲勞，可以找人幫忙照顧小孩，讓自己好好休養；有煩心的事時，可以找個可靠的人傾訴；有事情想做，不妨現在就開始跨出第一步。

好好思考對策吧，及早採取對策並不是寵自己。爸媽的活力就是孩子活力的來源。如果心情真的很低落，好幾個星期都睡不好，說不定是憂鬱症等疾病。請尋求醫療機構的協助。

✿訓練表情肌

如果跟心情和身體狀況無關，而是本來就長得一副不高興的模樣，可以試著訓

練表情肌。不管是笑臉或哭臉，有了臉上的表情肌，人才能做出表情。好好訓練、放鬆僵硬的表情肌，就可以露出更自然的笑容。

最簡單的訓練，就是在心裡提醒自己要「微笑」，並刻意地揚起兩邊的嘴角。剛開始時，臉可能有點緊繃，感覺肌肉會痠痛，但是只要持續做一個星期就會習慣，並自然而然地可以露出微笑。

雖然很難一直保持微笑，只要隨時提醒自己，每個人都能常常擁有笑容。

✿笑容能帶來幸福

當你覺得不太開心時，最好從表情開始改變。

有一個實驗叫做「臉部反饋假說」，證明了當人露出微笑時，大腦就會感到很快樂。將一群人分為A、B兩組，A組的人用牙齒橫向咬住鉛筆，B組的人則是直向咬住鉛筆，請兩組看同一本漫畫，再測定哪一組覺得比較有趣。結果發現表情近似笑容的A組，會覺得漫畫比較有趣。

這是因為表情肌的動作帶動心情，產生了變化。也就是說，大腦並不是覺得有趣才微笑，而是笑了才覺得有趣。

「難過時更要微笑」也許是一個真理。人可以利用大腦的特性，為自己帶來幸福的感覺。

✿跟孩子玩，流露自然的笑容

我曾經在電視上看過練習放鬆表情肌的技巧，簡直就像是「互瞪不准笑」的遊戲。因為那樣的表情實在是太奇怪了，連陪著我看電視的小孩都哈哈大笑。

爸媽放鬆表情肌最好的方式，可能是陪小孩玩「躲貓貓」，或是「互瞪不准笑」的遊戲，讓彼此都能放聲大笑。孩子高興，爸媽的表情肌和心情也能放輕鬆，流露出自然又愉快的笑容。

換個方法做做看

笑容是能不斷給予、隨手可得的幸福道具。只要揚起嘴角、抬頭挺胸，爸媽就會變得更積極。刻意保持微笑時，還能訓練表情肌，讓下巴與臉頰更緊實，同時兼具美容效果喔。

46

你不該把「不好意思」當口頭禪，而該——改說「請、謝謝、對不起」這些具體的話

● **說話真的好難**

前幾天，我抱著女兒搭公車，
一名陌生人讓座給我。
當我說「不好意思」時，
對方回答：
「不要在意，與其說不好意思，我更希望你跟我說謝謝喔。」

✿不好意思是道歉時說的話？

帶小孩時，經常會遇到不得不說「不好意思」的情況。孩子造成別人困擾時，你說「不好意思」倒是沒關係，但是當別人協助你時，還是說「不好意思」，會怎麼樣呢？

「不好意思」本來是「表達歉意或覺得過意不去」時說的話。有些人認為：「面對善意，卻回答道歉時說的話，感覺怪怪的。」

✿加上感謝的話語

可是，「不好意思」實在太好用了，很難避免不去使用。當你發現自己連聲說「不好意思」時，不妨加上一些變化，就可以用不同的方式表達心情。

很多話都能用來表達感謝的心意，請依情況及與對方的關係，妥善地運用。例如：「謝謝你的幫忙」、「好高興」、「感謝你」、「謝啦」、「你真厲害」、「好帥喔」、「我會好好學習」、「下次換我幫你」、「我這輩子都不會忘記你的恩情」等。

當然，最好的方法就是笑著說「謝謝」。不管是誰，聽到「謝謝」都會覺得很高興。

換個方法做做看

說了「不好意思」後，要同時笑著說「謝謝」。你不可能永遠都靠自己的力量帶小孩，至少應該學會接受別人心意時的感謝技巧。

47

你不該一直催促孩子快一點，而該——

悠閒自在一點，操之過急反而容易失敗

● **我總是在說：「快一點！快一點！」**

小二的女兒是個特立獨行的孩子，
完全沒有時間觀念。
早上也是悠哉悠哉，動作永遠慢吞吞。
如果不理她，上學就會遲到。
我總是不斷在催促她：
「快一點！快一點！」
該怎麼做，才能讓她的動作快一點呢？

✿你一天要說幾次「快一點」呢？

從「快點起床」到「快點換衣服」、「快點吃早餐」、「快點出門」、「快點回來」、「快點去做功課」、「快點去廁所」、「快點去睡覺」等，不知不覺，一天就說了好幾次「快一點」。可是，就算用「快一點」催小孩，小孩動作還是慢吞吞。其實，這是有原因的。

在抱怨「為什麼動作不快一點」之前，爸媽不妨先思考一下：「為什麼要催小孩呢？」一直催小孩「快一點」，通常是為了完成大人

嗶！嗶！
呃，水壺跟營養午餐的餐具。啊，麵包烤好了！
啊，衣服洗好了。
快點準備！
嘟！嘟！嘟！

會說「快一點」是因為大人的時間不夠用

自己的時間規畫：「現在要做那件事，接下來要做這個……。」當大人的時間排得很緊，會在無意識之間，認為「按照大人的安排快速行動的孩子」，才是「乖孩子」。所以才會不停地說：「快一點！快一點！」多說幾次之後，孩子可能會覺得無法按照自己的節奏做事，就連性格和想法都被爸媽忽視了。

這樣一來，孩子就不想乖乖聽爸媽的話了。一直說「快一點！快一點！」之所以會沒有效果，原因就是出在這裡。

✿魔法語言：「慢慢來。」

以孩子早上準備出門為例。當你希望孩子動作快一點時，一定很想自己動手幫他處理。看到孩子花那麼多時間，才把釦子扣起來，結果沒扣好馬上又開了，要再一次從頭來過。這時候，要爸媽耐心等待，忍著不說「快一點」，才是真的難熬。

這時候，不妨告訴孩子：「慢慢來。」著急時手忙腳亂，反而容易花費更多時間。告訴孩子「慢慢來」，也兼具讓爸媽冷靜下來的「魔法」效果。當孩子一直做不好，你決定接手他的工作時，請注意自己的說話方式。要尊重孩子「想要自己做」的心情，跟他說：「接下來就讓我來幫你吧？」

✿重新安排時間

會覺得「沒時間了」，是因為還有其他工作，時間不夠用。也就是說，如果想讓自己有更充裕的時間，只要把工作挪到其他時段就可以了。

早上要做各種工作，肯定很忙。這時，不妨換個想法，把每天早上要做的工作提前做好，或者等晚一點再做，重新安排自己的時間吧。

舉例來說，以下應該是可行的方法：

- 家人的早餐或便當，盡可能在前一天晚上先把菜洗好、切好。
- 晚上先把衣服洗好，早上只要脫水、晾乾就行了。
- 提早十分鐘起床，自己先梳洗妥當。
- 前一天晚上把孩子要穿的衣服放在枕頭旁。
- 晚上先準備好第二天要帶的東西。
- 早上不要洗碗（或是放進洗碗機）。

✿製作時間分配表

還有一個方法。先製作一張早晨的時間分配表，貼在牆上。幾點以前要做好哪些事情，寫得清清楚楚，在忙不過來時，也方便請家人幫忙。

另外，也可以利用晨間兒童節目的報時。如果孩子已經會看時間跟簡單的國字，不需要催他「快一點！」只要說：「看一下預定表和時間喔。」孩子就會自己行動了。

小學低年級時，至少要保留十五分鐘以上，讓孩子自己行動的時間。在門口背上書包，再穿鞋子，至少要花十分鐘。而且還經常會發生孩子忘記帶東西，又必須回來拿的情況。

啊，15分了！去學校前，先上廁所吧。
啊，姊姊要走了！我也要快點吃完。

✿保留屬於自己的時間

每天都很匆忙，被各種工作綁住，會在不知不覺間累積許多壓力。請在不勉強的範圍內，為自己保留一點時間吧。即使是家人已經入睡的深夜也沒有關係，不過，考量到健康，還是選擇早上比較好。

比平常更早起，泡一杯喜歡的茶，讀一本書或上網，爸媽也需要自己的時間。

換個方法做做看

不要催小孩，請說：「慢慢來」、「不要急」、「小心一點喔。」這麼做就可以放鬆緊繃的情緒。

48

你不該始終賴在家裡，而該——

成人後就不該依賴父母，你必須學會互相尊重和獨立

● 回娘家比較輕鬆

平常送老公出門之後，
我就會帶著兩個小孩回娘家。
娘家的父母看到孫子都很高興，
也不用另外花伙食費，
可以悠閒地待到傍晚，真的很好。
可是老公最近開始抱怨，
說我「太依賴娘家」了。

✿夫妻應該互相尊重

對媽媽來說，娘家是個毫無壓力的地方。有些人認為日本漫畫《海螺小姐》中的老公「鱒男」，是最理想的老公（譯注：鱒男與主角海螺結婚之後便住在海螺的家中）。

住在老婆娘家的海螺夫妻，之所以能夠和睦相處，我認為應該是因為河豚田家（譯注：成員包括海螺、鱒男與兒子鱈男）在經濟方面沒有依靠磯野家（譯注：海螺的娘家，成員包括爸爸波平、媽媽舟、弟弟鰹及妹妹裙帶菜），以及關於兒子鱈男的教育問題，海螺都會先跟鱒男商量，而不是直接找自己的母親。

結婚之後，男性通常認為「老婆應該依靠自己」、「夫妻之間的問題應該由夫妻自己解決」。當老婆凡事都靠娘家時，就不好玩了。老公可能會認為：「不是應該靠我嗎？」

「回娘家並不是壞事，但是凡事還是應該互相尊重。」這樣夫妻才能圓滿。

✿與雙方老家保持往來平衡

當爸爸不喜歡媽媽回娘家時，也可能是認為：「妳沒把我的老家放在眼裡。」如果媽媽在平常日會回娘家，週末就要以爸爸的老家為主，往來時應該維持雙方老家的平衡。

不管是老婆或老公，只要稍微重視一下對方的老家，就可以改善兩人的關係。

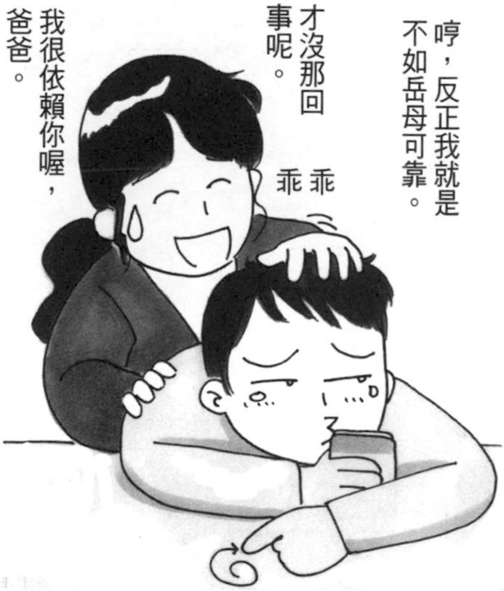
哼，反正我就是不如岳母可靠。
才沒那回事呢。
乖乖
我很依賴你喔，爸爸。

換個方法做做看

比起娘家的父母，媽媽更應該跟爸爸分享帶小孩的工作。這是你們兩個人的孩子，還是應該兩個人共同養育。

49

你不該過於在意別人的想法，而該——
停止比較，悲觀不會為你帶來快樂

●反正，像我這樣的人……

雖然有幾個對我還蠻親切的媽媽朋友，
但是，我想如果我沒有小孩，
一定沒有人想理像我這樣的人吧。
一想到這裡，
就覺得坐立難安，
不小心就又跟別人保持距離了。

✿個性偏執才會被討厭

在女性的談話中，當有人說：「像我這樣的人……」時，常有人緩頰說：「才沒有這麼一回事呢！」有時，即使心裡充滿自信，還是會想著，是不是「客氣」一點比較好。

除了這種情形之外，有些人會因為個性偏執，對任何人都會說：「像我這樣的人……。」這種人不知道為什麼要小看自己的價值，老是懷疑沒有人喜歡自己。如果是對他們有好感的人，剛開始都會說：「沒那回事。」可是每次都這樣，久了別人也會覺得很累，老是被懷疑，心裡其實也不好受。因此身邊的朋友就會越來越少，不久之後，他們真的就陷入被人討厭的狀態。

✿偏執其實是「想要關愛」

這種人其實沒有注意到，並不是因為別人討厭他們，才使得他們變得偏執，而是因為他們偏執，一直鑽牛角尖，才讓人覺得很討厭。然而，他們卻以為順序正好顛倒。對他們來說，個性偏執其實是很痛苦的事。

「像我這樣的人……」這句話，表現的是「這樣的自己不行」，是一種否定自我的情感。而在這句話背後隱藏的希望，是「我想要成為理想的自己，受到大家喜愛」，以及「厭惡現在的自己」。

另一方面，也有「如果我成為不一樣的自己，是不是就會討人喜歡」的期待。因為這些想法，而使得自己變得混亂。也就是說，因為想要被別人喜愛，卻無法實現，因此形成欲求不滿。

小桃媽媽好擅長傾聽喔，像我跟人談話時，很愛插嘴，看來我得好好向妳學習了。
咦？
我只是不會說話而已…

✿個性偏執是因為太主觀

想要被愛的心情，為什麼會發展成偏執的心態呢？其中一項原因，就是因為主觀地認為「沒有人喜歡自己」。

相信很多人都有這樣的經驗，在小時候，考好成績時會被稱讚；在當乖小孩時，也會被讚美。讚美孩子，讓他們有壓力，驅使他們好好努力，並不是壞事。可是有些讚美方式，背後卻隱藏著「不努力就不會被愛」、「不努力就沒有價值」的訊息。

現在祖父母的這一代，如果沒有特別注意，很容易讓他們的孩子連背後訊息都照單全收。使得他們對自己抱持偏執的心態，認為自己如果沒有成為爸媽心目中的好孩子，就不會被愛，在這樣的心態下長大成人。

✿跳脫偏執的個性

有些人會成為個性偏執的大人，也許是家庭教育的關係。也有人認為，都長那麼大，應該沒辦法改了。不過我並不這麼想。

個性偏執不過就是思考習慣的問題，只要有心就能夠改，讓我舉個例子吧。「反正我就是……」型的人，非常介意別人的想法。可是不管別人怎麼想，其實都是別人的情感，我們無法改變。同樣道理，別人也無法改變你的情感。你的心是你自己的所有物，只有你才能掌控。

在偏執的狀態下，人無法做出正確的判斷。所以，首先要試著區分別人與自己的情感，不要太介意「別人的想法」，因為我們無法控制別人的感情。如果別人對我們示好，只需要看對方示好的事實，不要深入判讀對方的「真心話」，只要在意自己的感覺就好了。

也許要一段時間，但是只要養成以自我為基準的思考習慣，一定可以跳脫偏執的個性。

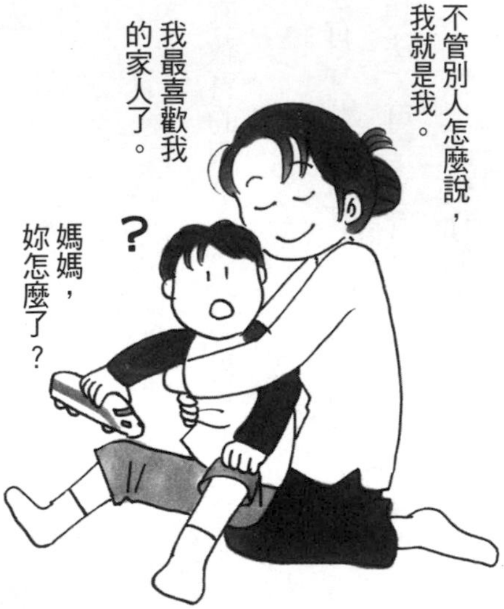
不管別人怎麼說，我就是我。
我最喜歡我的家人了。
?
媽媽，妳怎麼了？

換個方法做做看

還是盡早跳脫「拚命與別人比較，看輕自己價值」的壞習慣吧，人生是用來享樂的。

50 你不該羨慕沒有小孩的人，而該——知道一個人無法同時過兩種不一樣的人生

● 如果沒有小孩

當了媽媽以後，
每天都在照顧小孩。
看到過得自由自在、還是單身的朋友，
我就覺得好羨慕。
不小心就會想：
「如果沒有孩子……。」

羨慕也只是假設

有一個故事叫做「王子與孤兒」。王子過膩了奢侈的生活，羨慕在街頭自由自在的孤兒，貧窮的孤兒則憧憬王子錦衣玉食的生活。兩個人偶然相遇，交換服裝，互相扮成對方。可是最後雙方都發現，原來對方的生活與自己想像的不一樣，非常辛苦，於是又想回到原來的身分。

你不覺得這樣的故事，存在了某種程度的真實嗎？

過去的選擇造就現在的自己

「羨慕」本身並不是壞事。人就是因為想改變，才會越來越進步。可是，羨慕過去自己沒有選擇的人生，不過是在浪費時間。

現在的你會成為父母，絕對不是偶然，也不是誰害的。在認識另一半之前，在生下小孩之前，你應該有許多選擇的機會。大部分父母都是自己選擇要當父母親的，不是嗎？

也許有些爸媽是「雖然不想當爸媽，可是懷孕了」，儘管這樣說，可是他們還是讓生命誕生了。決定要當爸媽的人是你，你應該對於選擇的路更有自信才對。

大家好嗎？
沒想到兒童節目裡有這麼帥的人，神啊，真是太感謝祢了。
媽媽，你離電視太近了啦！

換個方法做做看

你會成為現在的你，是自己選擇的。想著如果沒有小孩會怎麼樣，反而容易覺得悶悶不樂，根本是在浪費時間。請找一些帶小孩時，才能體會的樂趣吧。

51 你不該聽到老公說要「幫忙」就生氣，而該——讓他有當爸爸的自覺，養小孩是兩個人的責任

● **小孩好像是我一個人的**

老公下班回來後，
馬上就窩在電視機前，
除了吃飯和洗澡，連動也不動一下。
偶爾會問我：「要幫忙嗎？」
養小孩明明就是兩個人的事，
我每次聽到那句話，都覺得好生氣。

✿聽到「要不要幫忙」就火大？

據說帶小孩的妻子聽到最容易生氣的話，就是丈夫問要不要幫忙。只要提到這件事，多數女性都會很認同，可是大多數男性會覺得不可思議，不曉得為什麼。這是一個很有趣的現象。

「幫忙」這個詞，意思就是協助不是自己分內的工作。「這本來是媽媽的工作，不過我幫你做吧。」感覺好像在施捨，帶小孩的媽媽，才會對老公說要「幫忙」產生反感。經過說明之後，男性多半就可以理解女性的想法了。

✿男女之間不同的思考模式

我們來想想男女之間不同的思考模式吧。

女性是橫向思考，認為帶小孩應該要「分工合作」，可是大多數的男性則不同。男性通常認為帶小孩是以媽媽為主的工作，所以他們用的是縱向思考。

當男性問要不要幫忙時，表示丈夫認為妻子是帶小孩的頂頭上司，等待妻子發號施令、交待工作。

所以，這時媽媽要當塔台，盡可能地拜託爸爸做事。拜託、麻煩、讚美、感謝，重複這些過程之後，就能把爸爸培養成帶小孩時可靠的夥伴了。

換個方法做做看

如果真的不喜歡聽到「幫忙」這個詞，可以請老公改一下說法，比如：「讓我來做這個吧。」用不同的說法，就可以改變觀感，讓爸爸試著摸索有沒有他能做的工作。

52

你不該跟婆婆出現競爭關係，而該——往共存的方向思考，終究大家都是一家人

● 孩子快被搶走了

我的婆婆對人很好，
也很疼愛我的孩子。
可是最近孩子居然跟我說：
「奶奶比媽媽好。」
害我大受打擊。
我覺得孩子快要被搶走，
眼淚都快流出來了。

婆婆占盡便宜？

請站在孩子的立場想一想。孩子喜歡新奇的事物，比起媽媽，對偶爾才出現的奶奶感興趣，也是正常的。

而且奶奶會疼他，還會給他糖果或零用錢，所以孩子會認為「奶奶比較好」，讓人覺得婆婆「占盡便宜」。

但是，媽媽其實用不著爭寵或嫉妒。這時，最好笑著對孩子說：「喔，這樣啊。」雖然孩子暫時比較喜歡婆婆，可是媽媽和小孩的關係並不會改變。在世界上，孩子只有一個媽媽，不久後，孩子還是會回

到媽媽身邊。婆婆也知道，所以才會送禮物或給零用錢，想要吸引孫子的注意。

✿教育方針與婆婆有衝突時

當婆婆與自己的教育方針不同時，像是睡前該不該給孩子吃甜點等，媽媽最好不要直接跟婆婆抱怨，比較好的方式是，透過自己的老公轉達，當成是老公的意見。

媳婦本來就是外人，聽到外人抱怨時，婆婆難免會生氣，如果是自己的兒子，就比較能夠接受意見。

有人認為媳婦與婆婆，是永遠的競爭對手。雖然同樣都是女性，也許反而更難理解彼此的立場。

換個方法做做看

就算心裡有不愉快，婆婆還是生下你老公的人。大家都是一家人，不妨找出可以愉快相處的方式吧。

53

你不該睡眠不足、太過操勞，而該——懂得放鬆、重視心靈和身體的健康

● **已經到極限了**

本來以為「家庭主婦很輕鬆」，
可是照顧兩個孩子真的好辛苦。
白天要做家事、照顧老大，晚上輪到老二哭個不停，
沒有一天可以好好休息。
我和老公雙方的老家都很遠，
老公要工作，沒有人可以幫忙。
我的精神和體力都已經到極限了。

✿以媽媽的心情為優先

認真、有責任感，認為應該要好好教育小孩的媽媽，就越容易感到疲勞。但是，以家庭為中心的媽媽，最好還是應該要保持活力。

當媽媽充滿活力時，家中的氣氛也會比較輕鬆。相反地，當媽媽露出陰沉的表情，孩子也會跟著有氣無力，容易導致家裡的氣氛變得很差。

媽媽的活力與全家息息相關，非常重要。通常媽媽總會把自己的事情往後挪，但是在覺得累的時候，也要認真想想：「該怎麼做，才能讓自己有活力？」

✿放鬆身心並不奢侈

舉例來說，在做家事時偷懶一下；請爸爸幫忙照顧小孩，讓自己好好泡個澡；或是趁孩子午睡時一起睡，補充睡眠。媽媽有許多不用花錢，又能放鬆身心的方法。

如果可以，建議媽媽從家用費中挪出一小筆錢，當成可以自由花用的「零用錢」。媽媽把錢花在自己身上，跟把錢花在其他家人身上，意義是一樣的。這並不是要媽媽過得很奢侈，但是，為孩子買玩具，或為爸爸買晚上小酌的啤酒，與買媽媽愛吃的甜點，都是同樣有必要的事。

換個方法做做看

偶爾也要好好面對自己的心情，花一點時間和金錢在自己的身上。有時候，我們需要放下「媽媽」的身分，好好地當「自己」。

54

你不該找藉口合理化自己的行為，而該——

承認自己的錯誤並擔起責任，坦率地道歉吧！

● 都是因為……

我在旁邊看著孩子跟朋友玩，
我家孩子在不知不覺間，
說了好幾次：「都是因為……」
總覺得有點討厭他這樣說，
該不會是因為我常說這句話吧？

✿你是愛找藉口的人嗎？

先來做一個心理測驗吧。某一場面試要你玩套圈圈。圈圈只有一個，套圈圈的距離從三十公分到五公尺，你可以自行決定。至於能不能套中，則跟錄取無關。請問你會選擇多遠的距離呢？

這時，選擇「三十公分」的人，因為這種距離很容易投中，所以他們是屬於個性謹慎，不喜歡失敗的人。選擇「一公尺左右」這種微妙距離的人，則是具備少許冒險心態的均衡型。然而，選擇「五公尺」的人，因為這種距離要投中非常困難，所以他們是屬於「愛找藉口」的類型。因為套不中也很正常，所以他們是以失敗為前提在做這件事。

✿爸媽「愛找藉口」，會對孩子造成壓力

比如魚燒焦了，愛找藉口的人會說：「都是因為孩子哭了」、「都是因為臨時有電話。」即使這些理由是事實，最主要的原因還是本人沒有先把火關掉。因為不想承認自己的錯誤，所以才把責任轉嫁到孩子或電話上。

「找一個人或一件事來作為藉口，合理化自己的失誤。」這種壞習慣慢慢會對孩子造成壓力。孩子每天看到，爸媽在背後主張「我沒有錯」，把原因推給其他人，很難成為個性直率的人。

都是因為……
都是因為你看，
天空好藍啊……
你們兩個都給我乖乖道歉！
本來是今天的報紙

換個方法做做看

不要在孩子面前找藉口，勇敢地說：「對不起，下次我一定不會失敗了。」只要這樣就可以了。

55

你不該堅持成為一百分的父母，而該——扮演理想的角色，珍惜與孩子共處的時間

● **我想成為完美的媽媽**

親手做料理，
家裡整理得一塵不染，
把自己跟孩子都打扮得美美的，
總是滿臉笑容，待人親切……
這是我心目中理想媽媽的樣子，
可是跟現實實在差太多了。
不完美的自己，讓我覺得好沮喪。

✿沒有終點，所以會努力過頭

做家事和照顧小孩，都沒有所謂「做到這裡就可以了」的終點，所以想要偷懶就能夠偷懶；相反地，如果想要花心思，卻有可能會沒完沒了。

越是認真、拚命的爸媽，對照顧小孩就會越堅持，只要偷懶就會有罪惡感。可是當你以完美為目標時，不管是精神或肉體都容易感到疲勞。

✿花越多心思，孩子越高興？

我們以孩子的便當來討論看看。

A、全都是親手做，非常費心思的藝術品級便當。

B、巧妙搭配剩菜和冷凍食品的便當。

C、只放了超市熟食當配菜的便當。

小孩最喜歡哪一種呢？我拿家裡的孩子做實驗，結果三種回答都是一樣好吃。

不管是點心、衣服或用品，孩子並不介意爸媽有沒有特別花心思。

✿「被逼著做」，每天都好辛苦

做便當、親手做點心、用心搭配孩子的穿著等，爸媽每天有很多工作都是「為了孩子」而做的。當然也有快樂的時候，可是有些時候做起來會覺得很辛苦。

對於喜歡做料理的人來說，每天都要想「今天要做什麼便當」、「要早起做便當」，其實也是一件苦差事。如果不擅長裁縫，卻必須縫製孩子要交的抹布，或親手製作幼稚園指定尺寸的包包，更是覺得痛苦。

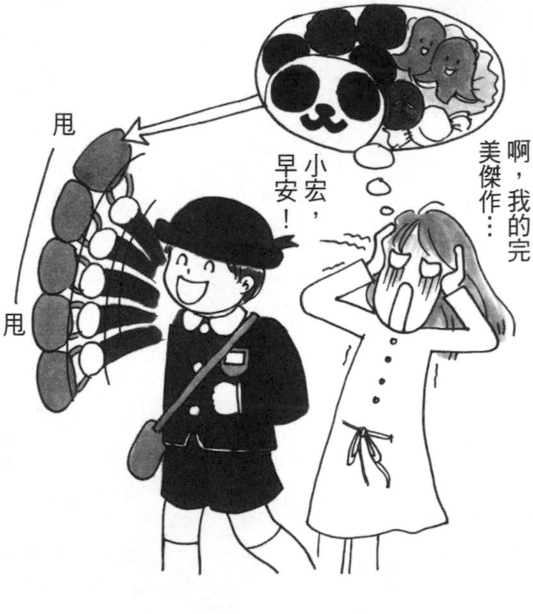

這個時候，如果你覺得：「為了孩子，被逼著做不擅長的工作」，只會讓帶小孩的生活更痛苦。爸媽一直忍耐，可是小孩完全不懂得感謝，也不會回報，於是產生怨恨的心理。

完美主義的爸媽會過得很辛苦，就是因為他們會逼迫自己，要求自己犧牲，認為必須接下不想做的工作。

✿理想與現實的差距

「為了孩子，這也是沒辦法的事吧？」我彷彿聽到有人在反駁。可是這些事真的都是「為了孩子」嗎？也許你認為是為了孩子，可是其實大部分都是「爸媽為了自我滿足」。

可能是爸媽在腦海中塑造出一個理想的形象，自己為了配合這個形象，想當一個「完美」的爸媽。

心裡有著「理想爸爸」、「理想媽媽」、「理想子女」、「理想家庭」的形象，並且以這些形象為目標，於是無法容忍理想與現實的差距，因而感到焦慮不安。

不完美才正常

「如果能這樣就好了。」當心裡有理想的形象時，在工作或讀書方面或許能有效追求效率與成果。可是這個方法並不適用在生活及帶小孩上。

無法達到理想時，會覺得：「我想要這樣，卻無法如願」，因而對自己產生厭惡感，對外則是「為什麼別人沒辦法滿足我的需求」，因而產生欲求不滿的心情。每天處於這種煎熬當中，只會越來越痛苦。

生活和帶小孩是每天都要做的事，分清楚「理想是理想，跟現實不一樣」，才

餅乾烤好了。
理想媽媽
理想是理想，不要勉強，慢慢努力吧。

能減輕壓力。接受「現實與理想不同」、「我不完美」的事實，才能看到「現實的美好」。

換個方法做做看

不要堅持當完美的爸媽，偶爾扮演一下理想爸媽的角色就可以了。珍惜平常的生活，找尋讓自己更輕鬆的生活方式，也許就有更多陪伴小孩的時間。

結語
父母過得幸福，孩子才會幸福

本書主要在探討爸媽帶小孩時的「行動」。

只要生下小孩，男性和女性就成為父母。可是要父母採取適當的行動，卻不是一件簡單的事。在帶小孩時，沒有所謂「正確」的基準與規範，任何時候都只能靠想著：「這麼做比較好吧？」來做出應對。

當然，我們還是希望父母能以孩子為優先，可是如果爸媽必須因為這樣而自我犧牲，那就麻煩了。

每個小孩都希望爸媽能夠幸福。只要爸媽幸福，孩子也會覺得快樂；而只要孩子快樂，爸媽也可以跟著幸福。所以不管爸媽或孩子，過得幸福都是很重要的事。親子的幸福緊緊地連接在一起，切也切不斷。

「我現在一點也不幸福。」如果你是有這種感覺的父母，今後只要慢慢增加笑容就可以了。

不要緊，你一定辦得到的。

即使是親子，但因為擁有
不一樣的身體與心靈，
還是要試著互相了解，
生活才會快樂。

國家圖書館出版品預行編目（CIP）資料

身教的力量：為何改變55件你不在意的事，竟能讓小孩一輩子受用呢？／曾田照子著；侯詠馨譯. -- 二版. -- 臺北市：大樂文化, 2018.11
面；　公分. --（Power；20）
譯自：ママが必ず知っておきたい! 子どもの前でやってはいけないこと55
ISBN 978-986-96446-6-2（平裝）
1. 親職教育　2.親子溝通
528.2　　107008351

Power 020

身教的力量

為何改變55件你不在意的事，竟能讓小孩一輩子受用呢？

（原書名：《爸媽不該在孩子面前做的55件事》）

作　　者／曾田照子
譯　　者／侯詠馨
封面設計／蕭壽佳
內頁排版／思　思

責任編輯、圖書企劃／張硯甯、林宥彤
主　　編／皮海屏
發行專員／劉怡安
會計經理／陳碧蘭
發行經理／高世權、呂和儒
總編輯、總經理／蔡連壽
出 版 者／大樂文化有限公司
地址：新北市板橋區文化路一段268號18樓之一
電話：（02）2258-3656
傳真：（02）2258-3660
詢問購書相關資訊請洽：（02）2258-3656
郵政劃撥帳號／50211045　戶名／大樂文化有限公司

香港發行／豐達出版發行有限公司
地址：香港柴灣永泰道70號柴灣工業城2期1805室
電話：852-2172 6513　傳真：852-2172 4355

法律顧問／第一國際法律事務所余淑杏律師
印　　刷／韋懋實業有限公司

出版日期／2014年8月25日
2018年11月12日二版
定　　價／280元　　（缺頁或損毀的書，請寄回更換）
I S B N　978-986-96446-6-2